U0866768

高绩效团队应该这样带

NINE LIES about WORK

[英] 马库斯·白金汉
[英] 阿什利·古道尔
——著
蒋荟蓉
——译

Marcus Buckingham
Ashley Goodall

中信出版集团 | 北京

图书在版编目（CIP）数据

高绩效团队应该这样带 /（英）马库斯·白金汉，（英）阿什利·古道尔著；蒋荟蓉译．-- 北京：中信出版社，2021.3

书名原文：Nine Lies about Work

ISBN 978-7-5217-2700-5

Ⅰ．①高… Ⅱ．①马… ②阿… ③蒋… Ⅲ．①企业管理—团队管理 Ⅳ．① F272.9

中国版本图书馆 CIP 数据核字（2021）第 015986 号

高绩效团队应该这样带

著　　者：［英］马库斯·白金汉　［英］阿什利·古道尔
译　　者：蒋荟蓉
出版发行：中信出版集团股份有限公司
（北京市朝阳区惠新东街甲 4 号富盛大厦 2 座　邮编　100029）
承 印 者：中国电影出版社印刷厂

开　　本：880mm × 1230mm　1/32　　印　　张：8.5　　字　　数：191 千字
版　　次：2021 年 3 月第 1 版　　印　　次：2021 年 3 月第 1 次印刷
京权图字：01–2019–7584
书　　号：ISBN 978–7–5217–2700–5
定　　价：62.00 元

献给克里斯、格雷姆，

他们教导我们从可认知的事物开始认知世界。

目录

前　言

令你陷入困境的不是无知，而是你确信无疑的论断实为谬误。

——马克·吐温

先来做个自我介绍吧。

马库斯是个数据迷，喜欢钻研如何评估无法量化的东西，比如人的性格、表现和工作投入度。在职业生涯的大部分时间里，马库斯都在盖洛普咨询公司从事这方面的研究，之后自己创立了培训及软件公司，致力于帮助公司员工发挥最大优势。现在他供职于美国自动数据处理公司（ADP），负责关于员工和工作表现的研究项目。马库斯是英国人，现已移居海外。

阿什利一直供职于大公司。他曾短暂从事音乐厅的音响设计工作，后来致力于帮助德勤、思科等大公司充分发掘员工才能。阿什利热衷于将一切新创意放到纷繁复杂的现实职场上进行压力测试，现在他在为世界各地的 14 万名思科员工及承包商提供这种测试。跟马库斯一样，阿什利也是移居海外的英国人。

几年前，《哈佛商业评论》（*Harvard Business Review*）请我们写过一篇文章，将马库斯的“可靠数据视角”和阿什利的“现实世界领导者视角”结合起来，探讨如何以最可靠、最可行、最高效的方式进行一项大家都讨厌的活动——评估员工表现。文章直截了当地否定了当时的评估方法，引起广泛讨论。后来《哈佛商业评论》又来问我们，能否用这种严厉又现实的视角评论一下整个职场。我们答应了，于是有了现在你手中的这本书。

本书开头提出一类怪象：许多在职场上被当作准则的观点和做法，原本是用来为员工提供支持的，到头来却不得人心，反而让员工反感，这是为什么？比如，一线员工都觉得公司每年制定目标的流程冗长无聊，制定出的目标与各层级实际工作脱节，毫无意义，那么为什么由高层自上而下制定目标依然被当作整合与评价员工的工作表现的最佳方式？再比如，在现实世界中，对于批评类反馈，多数人都不会欣然接受，人们都愿意批评别人而不愿意接受批评，那么为什么员工需要批评类反馈被认为是理所当然的？在实际工作团队中，从来没有人遇到过能够客观评价员工的领导者，为什么职场准则认为管理者能够对员工的表现给出可靠的评价？在日常生活中，没有人遇到过真正具备一切优秀领导者素质的领导者，那么又为什么人们习惯于预设优秀领导者一定完全具备这些素质，并且有志于成为领导者的人也都应当努力去追求它们？

这些怪象引出了本书的核心观点，也锁定了目标读者。本书的核心观点就是，当今充斥职场的各种体系、流程、工具和预设，都存在严重的问题，妨碍我们在日常工作中充分发挥自己的独特优势。这个观点有真实的职场数据支撑。目前全球范围内员工工作投入度普遍偏低，表示自己尽全力投入工作的员工比例不到20%。① 20世纪70年代中期以来，全球生产力增长减缓，经济学家尝试解释出现这一趋势的原因，他们提出："过去，推动生产力发展的是先进的技术和管理战略，但这两者的作用已经完全发挥，以后不会再对生产力有所帮助。"[1] 换句话说，现在我们不管在这两方面做什么，都不会使生产力再有多少提升。

上述问题在当代职场随处可见，且根深蒂固，令人难以看清其本质。其中一部分观念的确不可或缺，大公司一直据此行事，但员工感到不满；另一部分观念则是公司运营者的论断，被强加在员工身上。两者交织成职场常态，几乎影响我们在职场中的每一个环节——招聘选拔、评估、培训、薪水支付、晋升和解雇。

可是，仔细看看，你会发现，这些你确信无疑的观念其实存在问题。

这些东西可以说是"误区""迷思"，甚至是"误解"，但因为我们一直被灌输这些观念，很少去怀疑它们，就像被蒙蔽了双眼，无法看清世界原本的样子，所以我们称之为"谎言"。

本书介绍了工作中的9个谎言。用毕加索的话说，"创造始于破坏"。因此，我们首先要对谎言进行解构，了解其来龙去脉——每个谎言最初都是真的，原本只是用来描述一小部分状态，后来被推广，不顾具体情况强行套用，就变成了谎言。然后再发掘被谎言掩盖的真相，建立严谨、正确的概念。

本书第1~3章将探讨为何公司文化、计划和目标都是自上而下强加给员工的，从而引出能让员工齐心协力的更好的方法。第

---

① 见本书附录一。

4~7 章每章讨论人类天性的一个方面，随后给出在理解人类个体之间存在巨大差异这一事实的前提下实现自我成长和员工整体成长的办法。第 8 章质疑为何“平衡”被规定为每个人都要追求的理想状态，继而提出一个截然不同的方向。最后一章讲大家对所谓的“杰出领导力”的推崇，提供一个全新视角，让我们看到我们作为追随者所定义的“领导力”背后的真相。

阅读本书的过程中，你会逐渐认识到，这 9 个谎言之所以影响深远，是因为它们满足了一个组织对控制人员的需求。大公司的组织结构十分复杂，领导者下意识地追求简化和秩序，这是可以理解的，况且这样更有利于让自己和利益相关者都相信，组织正在稳步实现目标。然而，追求简化很容易变成追求“均一性”，过不了多久就会对员工的个性造成威胁。不知不觉间，每位员工独特的才能和兴趣会被组织当作麻烦，组织开始将员工视为规格一致、可以随意替换的螺丝钉。

于是，你被告知自己所在的组织推崇整体性，员工必须按照计划工作，必须与自上而下制定的目标保持一致，必须全面发展并为此听取反馈，且必须相互提供反馈，以达到理想化的领导者典范、挖掘员工潜力及发挥最佳水平。

你还会发现，对抗这些谎言的最强大的力量，以及我们都希望在生活中运用的力量，就是我们自己个性的力量。你会明白，人类与生俱来的真正力量在于每个人独特的个性，而在工作中发挥这种力量，归根结底是一种爱的体现。

我们最初为本书设想的读者是初次担任团队领导者的人：面对一个灿烂而又富有挑战性的世界，希望带领团队做一些超乎寻常的事，与团队成员一同取得卓越成绩，让成员有能力表现卓越，如愿成为自己理想中的领导者。我们原本想象的读者就是在思考这些问题的领导者。他们希望让团队中的每一位成员最大限度地发挥才能，让目标各不相同的成员齐心协力；他们希望避免个别成员犯错而损害整个团队，同时为成员留出充分的体验和学习空间；他们希望公正地评估每个人的表现，同时建立真挚、温情的关系；他们希望做到以上这一切，且不违背自己的本性。我们设想，领导者在进行这种尝试时会遇到本书中的 9 个谎言——这 9 条论断，大家都确信无疑，但实为谬误。

然而在写作过程中，我们对读者的设想发生了改变。我们意识到，本书不仅为初次领导团队的领导者而写，还为其他因组织内推崇“控制”和“均一性”而苦恼的领导者而写。我们意识到，本书读者不是只有新领导者，而是所有思想开明的领导者。这样的领导者乐于接受每位员工的独特个性，认为个性是值得被投入时间打磨的璞玉，而不是应当受到压制的缺陷，员工有个性可以促进构建健康的、合乎道德的、蓬勃发展的组织。这样的领导者拒绝教条，注重寻找证据，重视新兴模式甚于传统观点，为团队力量而激动，相信新知而非理念。最重要的一点是，这样的领导者深知，让未来世界变得更好的唯一方法就是拿出勇气与智慧，正视当下的现实情况。

如果你觉得自己正是这样的人，那么你就是一位开明的领导者。尽管我们不认识你，但写作本书的 6 个月里，我们一直在想着你——你会是怎样的人，你会有怎样的感受，你需要什么帮助。这本书就是写给你的。

团队管理的 9 个谎言与真相

1 **谎言** 员工在意自己为哪家公司效力
真相 员工在意自己在哪个团队

2 **谎言** 制订出最佳计划就能成功
真相 掌握情报才能成功

3 **谎言** 好公司自上而下布置目标
真相 好公司会灌输意义

4 **谎言** 优秀人才都是全面发展的
真相 优秀人才都有专长

5 **谎言** 员工需要反馈
真相 员工需要关注

6 **谎言** 人可以客观地评价他人
真相 人可以真实地评价自己的感受

7 **谎言** 员工有潜力
真相 员工有动量

8 **谎言** 要注重工作与生活的平衡
真相 最重要的是对工作的热爱

9 **谎言** 领导力非常重要
真相 我们追随的是专才

1

员工在意自己在哪个团队

员工更在乎团队体验，而非公司文化。

莉萨在企业传播与营销领域工作，至今已有20多年。一天，我们与她聊了聊最近工作上发生的事情。我们每年都用同样的方式跟几百人讨论工作方面的经历。莉萨说，她最近换过一家公司，之后又换了回来。我们想再多了解一些情况。以下是我们的对话记录节选。

作　者：你在A公司工作了18年，为什么要离开？

莉　萨：我原先的工作重点是做活动，给客户和合作伙伴做活动。后来我转向营销，却发现自己做营销缺乏创意，但我原先负责做活动的那个职位已经被别人占了，我没办法转回去。要想做回活动相关的工作，我只能去别的公司。

作　者：所以你开始考虑B公司？

莉　萨：对，而且在A公司待了这么久，我也想换个新环境，去看看新事物。

作　者：你在考虑去B公司工作的时候最看重这家公司的哪一点？

莉　萨：品牌——公司是否被视为市场领先的知名品牌；创新及创新的速度；我能不能创造新的东西；这个职位的工作地点在哪里，我能不能远程工作；这个地方酷不酷；我能不能学到新东西；我能不能自由地做出新的尝试。我记得自己当时考虑过这些。

作　者：那么你是如何评估这些因素的呢？

莉　萨：显然是通过面试评估的。不过我也提前查了资料。我花了6个月在网上搜索关于这家公司和这个职位的信息，花了两个月准备面试，并且努力找了很多在那里工作的人交流。

作　者：你最后得出了什么结论？

莉　萨：我觉得B公司可能并不完美，但已经符合我的很多要求，而且去那里工作感觉挺舒服的。

作　者：于是你就去了B公司。你在那里工作了多久？

莉　萨：两年。

作　者：你在A公司工作了18年之久，那么你原本是否也希望在B公司多干一段时间，不止两年？

莉　萨：当然是的。

作　者：那你能不能解释一下，你既然在入职前做过十分详尽的调查，为什么只待了两年？发生了什么事？

莉　萨：因为我见到了我的上司。当然，面试的时候我见过她，当时我就觉得有点儿不安。开始工作之后，我看到了她的真面目，然后就越来越糟糕了。

作　者：面试时让你感到不安的是什么？

莉　萨：我觉得她的风格苛刻又严肃，而且她好像挺看重上下级关系的。我以为那只是她应对陌生人的方式，假如我加入她的团队，她就不会那样对待我了。但我想错了。

作　者：你是什么时候意识到这一点的？

莉　萨：开始工作的第13天。

作　者：第 13 天？这么精确？

莉　萨：我在日历上写了。我把在 B 公司工作期间的所有重要日期都记下来了，这是我平时记录痛苦经历的方式。第 13 天，我跟她，还有另一个职位更高的高管一起去参加会议。那位高管问了一个关于预订酒店的问题，我觉得很简单，就随口回答了，她一脸震惊。会议结束后，她把我拉到一边说："这种事情我们不能跟上司说。下次交给我应付。"从那以后，她就事无巨细地盯着我，我发现她的工作风格是恐惧型，对待上司和领导团队的方式都是。

作　者：你在日历上还记了哪些日子？

莉　萨：第 15 天，我写下了：未来进入 B 公司两周年的那一天"可能要辞职"，四周年那一天"一定辞职"。

作　者：哇，我们确认一下：你花了几个月调查这家公司，经过了 7 轮面试，每一轮都认真准备问题，努力了解这家公司是否适合自己，然后进入公司两周后你就决定要辞职，还规划了辞职时间轴。是这样吗？

莉　萨：没错，就是这样。进入 B 公司 15 天，我就知道自己不会久留。

作　者：而且辞职主要是因为你的上司以及她的工作风格？

莉　萨：对，其实不只是她，其他领导的工作风格似乎也都是恐惧型。

作　者：在 B 公司，有没有人给你介绍过核心价值观或者领导原则之类的？

莉　萨：有的！我在入职的时候拿到了一张塑封过的纸，上面的内容就是对这些东西的介绍。当时我好激动！

作　者：为什么激动？

莉　萨：我读下来觉得特别好，其中有一条让我印象很深，说的是表达反对意见和认真执行：如果不同意别人的意见，要有勇气表达出来，但对于最终决策要全心全意地执行。我觉得这点真的特别好，可以营造很好的环境。但我在开始工作之后才意识到，那些东西全都是假的。更糟糕的是，公司里有人利用那些理念做坏事。

作　者：做坏事？

莉　萨：对，他们利用领导原则给不良行为找理由，想平息反对意见的时候就告诉大家应该全心全意按照他们希望的方向前进。这样正好跟理念本身背道而驰。

作　者：啊，懂了。所以你很快就决定，想办法回到 A 公司，对吗？

莉　萨：对。

作　者：有了这段在 B 公司的经历，你下次在找工作的时候会关注哪些方面？

莉　萨：我会关注三件事：文化、领导和我要做的具体工作。

作　者：文化是指什么？

莉　萨：就是行动原则。我觉得它就像家训一样，是员工在公司这个大家庭里待人处事的方式。

作　者：你会用哪几个词语形容 A 公司的文化？

莉　萨：我想想。包容、协作、友好、慷慨、信赖、公正、支持。而且我觉得 A 公司的高管是有道德的人。

作　者：从你的感受来讲，A 公司上上下下都具备这些特质吗？

莉　萨：我觉得自己很幸运，我工作过的团队都是这样的。但我也知道，公司里有些人运气没有我这么好，他们所在的团队不是这样的。

作　者：具体是什么意思？

莉　萨：对我来说，关键在于各团队领导者是否认同公司文化。如果领导者认同，团队成员就很幸运；如果不认同，那就比较惨。

· · ·

身在公司外，很难了解为这家公司工作具体是怎样的感觉。找工作的人可能会像莉萨一样，首先上网搜索，也许会去看看公司点评网站，或者跟朋友聊天，问问他们工作过的地方和他们的感想。你也许会尝试与招聘者交流，但如果你尚未确定是否要申请相关职位，那么这一点很难做到。或者你会尝试阅读公司相关的媒体报道，但可能徒劳无功，因为这类文章重点一般是公司产品或战略，而非文化本质。不管怎么查，你都会心存疑虑，不知道自己找到的信息能否真正代表这家公司，你能否从中窥见真实情况。于是为了寻找更客观、更广泛的信息，你会去看《财富》杂志的年度最佳雇主百强榜单。

《财富》每年 1 月发布榜单，这期杂志是其全年阅读量最高的一期。榜单排名的依据是对各公司员工进行的匿名调查（“信任指数调查”），以及各公司整合提交的关于人才投资和待遇的材料

（“文化审计”）。《财富》杂志编辑和展开上述调查的卓越职场研究所（Great Place to Work Institute）的分析人员参考这些材料，制作榜单，告诉你这一年的最佳雇主是哪些公司，介绍上榜公司提供的各种福利，并且刊登其在职员工的发言。2018 年的最佳雇主前六名依次是云服务公司 Salesforce、美国连锁超市 Wegmans、乌码软件集团、波士顿咨询公司、金融服务公司爱德华琼斯和金普顿酒店。这些公司名列前茅的原因各式各样，有的实际利益高（用奖金鼓励员工内推，业务繁忙时期发放星巴克礼品卡，公司内设置托儿所），有的追求高尚（为饥饿人群捐赠价值数百万美元的食物，建立环境友好型办公室，长期实行内部升迁），还有五花八门的公司特色（Salesforce 有一整层楼叫作“ohana”，这个词是夏威夷语“家族”的意思；金普顿酒店给新入职的员工发欢迎大礼包，里面装着每位同事最喜欢的零食）。

你如果在找工作，可以看看《财富》杂志的榜单，查找某个公司的详细信息。你将来的同事是什么样的？他们会如何对待你？日常工作大概是怎样的？工作是否有趣、是否有挑战性且有价值？公司是否真心关怀员工？假如你经过申请、面试、商谈待遇这个漫长的过程，最后终于进入公司获得一个职位，公司会让你获得与自己的付出对等的回报吗？

· · ·

这个榜单评估的究竟是公司的什么？仔细阅读上榜公司提供的材料、媒体报道及《财富》杂志的描写，你会注意到一个词——文化。Salesforce 拥有“家族文化”，于是设置了 ohana 楼层；

Wegmans 的使命是“用食物帮助人们过上更健康的、更好的生活”，以此为基础形成了企业文化；金普顿酒店拥有“兼收并蓄”的文化。看起来，这些公司好像都明确了希望建立怎样的文化，并坚定而切实地追求其文化，因此进入了排行榜。包括这些公司在内的许多例子都能说明，公司文化至关重要。正所谓“文化把战略当早餐吃了”，文化可能比公司实际做什么、怎么做、员工薪酬多少乃至公司当前股价都重要。

有关这个话题的内容卷帙浩繁，归结起来讲，文化有三个强大的作用。

其一，文化让员工明白自己通过工作获得的定位。例如，如果你在美国户外连锁品牌 Patagonia 工作，你一定会更喜欢冲浪。假如你在加利福尼亚州美丽的奥克斯纳德市工作，你的入职培训里一定会有一天的安排是参加海滨派对，获赠一本老板的自传《让员工去冲浪》[①]，而第一次会议会在篝火旁举行。但如果你在高盛工作，那就别想冲浪了，要思考如何获胜，你每天都会穿定制西装去上班。再比如，当你说你供职于德勤、苹果或快餐连锁店福来鸡时，这在一定程度上已经成为你的自我表达，为你定位，表明你与他人的不同之处，确定你所属的群体。

其二，文化塑造我们对“成功”的理解。2017 年上半年，特斯拉股价上涨，不是因为人们终于收到了一年前付过订金的电动汽车，而是因为埃隆 · 马斯克建立了“酷”文化。在特斯拉看不到前沿技术，因为特斯拉已经远远超越了前沿技术。丰田不得不召

---

① 此书英文版原名为 *Let My People Go Surfing*，其中文版实际使用的书名为“任性总裁的成功创业法则”。——编者注

回超过 600 万辆汽车，直接原因是变速杆装配出了问题，但我们发现，更深层的原因在于丰田不失礼貌但又不择手段的文化。

其三，如今文化能够标示我们希望公司前进的方向。一夜之间，企业高管的职位描述里一大部分变成了建立某种文化，比如“绩效”文化、“反馈”文化、“包容”文化或者“创新”文化等。领导者将理想的公司发展方向概括为几条特征，影响员工行为，通过这种方法引导公司发展。文化不只阐释当下，也成为指导我们下一步行动的重要参考。[1]

身为团队领导者，你会被反复告知，必须把握这一切，因为你要负责表现公司文化、建立遵守文化规范的团队。你会被要求在招聘时只选择符合公司文化的应聘者，通过能否表现公司文化来判断哪些人是高潜力人才，以符合公司文化的方式召开会议，以及在公司团建活动中穿上文化衫，唱起体现公司文化的歌。

一切都没问题，直到你开始怀疑，自己究竟要负责什么。再仔细看看《财富》榜单，你会惊讶地发现，自己的职位描述跟其他介绍本公司的文章内容匹配度很低。公司内设有日间托儿所、全体员工有 20% 的时间可以做自己感兴趣的事、为内推提供奖金、在屋顶修建太阳能电池板，这些都是值得赞赏的行动，但都不归你管。这些都是其他人（执行委员会或董事会）做的，而且即使你觉得这些事情值得做，为公司的这类安排感到自豪，你也无法对其施加任何影响。这些事务属于另一个世界，距离公司平时的业务、项目、截止期限和日常交流十分遥远，而这些琐事才是你真正的职场世界。

如果别人问起在你们公司的“实际体验”是怎样的，你肯定不会跟他们讲太阳能电池板和食堂之类的事，而是介绍工作本身。

你会实事求是，谈谈工作是如何分配的，管理者是否偏心，如何解决纠纷，正式会议效率是否低下，员工如何获得晋升，团队是否排外，高管和普通员工的权力差距有多大，信息流通是否迅速，员工能否获得认可，政治头脑是否凌驾于绩效之上，等等。你会回归实际工作层面，尝试整理出一线员工对公司的真实感受。

你不知道这种东西是否就叫作“文化”，也不一定知道该如何称呼这类一线工作的细枝末节，但你很清楚，这个层面的东西将决定员工在入职后于工作上肯付出多少努力、会在公司留多长时间。这个层面是他们真正关心的东西。其实你真正关心的也是这些。

在这种情况下，身为团队领导者的你需要思考的关键问题就变成：要想尽力帮助团队发挥最大力量，我应当重视哪些细节？告诉我最重要的是哪些，我会尽全力关注。

我们花了20年为你寻找这个问题的答案。后文将概述这20年的研究成果，而后进一步深入阐述，帮助你加深理解，并就如何应对重要细节提供建议。

为此，我们要揭穿的第一个谎言就是“员工在意自己为哪家公司效力”。要说这是谎言，也许会让人觉得奇怪，毕竟我们每个人都感到自己与公司有一定程度的关联，但请继续往下读。你会发现，虽然每个人都关心“公司”，但关心的重点很快就会发生变化。

· · ·

一切定量研究都需要定性分析。前不久我们在波兰克拉科夫老城的思科办公室跟一个团队进行交流，[①]了解他们的工作体验和团队状况。该团队一共 15 人，各自负责不同的客户支持工作。我们问团队成员，平时经常做（每天、每周、每月或每季度都做）的事情里，他们最重视的是什么。其中有 3 个人谈到了午饭，他们说，平时上班都自己带午饭，不去食堂吃。他们经常在外面院子里一个固定的地方吃饭，不管当天发生了什么，他们都会约时间一边吃饭一边聊天，有时聊工作，有时也聊工作以外的话题。这就是他们每天都做的事。

这场讨论在会议室进行，之后我们参观了这个 15 人团队工作的地方。他们的工位排成长长一列，彼此之间由隔板隔开。那三个一起吃饭的人把我们拉到一边，指着不远处一个毫无特点的地方说，“看，那就是我们聚会的地方”。我们问了一下，他们说，如果发生了什么事，他们就会离开工位，临时聚集在那里商讨对策。

这是在现实世界中实际工作着的 15 人团队，其中又有同样在现实世界中实际工作的三人小团体。这三个人每天花时间一起吃饭，而且可以迅速打破办公地点的常规布局，一同解决问题——也许是因为他们一起吃饭，也许不是，但也可能只是因为他们一起吃饭。

---

① 两人一同写作的一大乐趣在于可以综合两个人的视角和经历，让书的内容更加丰富。不过这样一来，要把不是两人共同体验的事情写进书里就会有点儿问题：人称代词指代不明。在我们之前的图书合著者尝试过各种方法，比如用第三人称“马库斯采访了……”，或者加括号说明“本书作者之一（阿什利）在波兰……”，但我们觉得这样会影响阅读体验。于是我们决定，不管写的是两人的共同经历还是一个人的经历，本书都统一将“我们”作为人称代词。希望读者能够谅解我们为流畅阅读而做出的一点点调整。

这个三人小团体的“文化”是什么？与15人大团队的文化是否有所不同，何处不同？谁知道呢？我们只知道这个三人小团体和15人团队都很有效率，而且高度敬业。在思科的加利福尼亚州圣何塞总部，CEO（首席执行官）罗卓克（Chuck Robbins）努力打造热忱、敬业的工作团队，但他与这边的团队成员相隔千里，相差好几个级别，不可能了解这边的日常工作情况。他知道自己在总部能够控制的范围有限。他只能鼓励这些当地团队，以及其他成千上万的团队，打造能让每位员工充分发挥才能的工作体验。

那么，CEO应当要求一线员工关注什么？我们的工作体验中最重要的是什么？

要严谨地回答这个问题，只有一种方法：首先找两组人，一组来自高效团队（效率高、创新多、客户满意度高、主动离职率低、损失工时少，总之各项绩效指标都很高），另一组则是低效或普通团队的成员。

随后，询问这些人所在团队内部的具体情况。向高效团队和中低效团队分别提出同一组问题，找到高效团队强烈赞同、中低效团队不甚赞同的那些特征。这样做是为了从团队成员的角度寻找高效团队表现出色的原因。

过去几年，我们在许多不同的公司将这项研究重复了几百次，试图寻找高效团队与众不同的最突出的特征。当然，这种研究并非我们首创。早在20世纪90年代末，盖洛普就进行了有关员工敬业度的开创性研究，找到了12个驱动因素。之后，公司执行委员会（Corporate Executive Board）、光辉国际（Korn Ferry）和肯耐珂萨（Kenexa）等公司纷纷开展研究，拓宽了我们对敬业度的了解和认知，发掘评估敬业度的最佳方法。我们的研究建立在已有成果的基础上（严谨的研究工作理应如此，毕竟一切成果都是阶段性的），最后我们发现了许多高绩效团队中共通的几项员工体验。以下 8 条陈述[①]可以有效预测团队长期绩效。

（1）我对自己所在公司的使命满怀热忱。

（2）在工作中，我很清楚公司对我的期待是什么。

（3）在团队里，我身边的人都跟我有共同的价值观。

（4）工作中的每一天，我都有机会发挥自己的强项。

（5）队友会为我提供支持。

（6）我知道自己的杰出工作会得到认可。

（7）我对公司的未来发展十分有信心。

（8）我在工作中经常碰到有利于自身成长的难题。

也许你立刻就注意到了，首先，团队成员不会直接评价团队领导者或公司，他们只评价自己的感受和体验。因为人无法客观评价他人，我们会在第 6 章讲到这一点。如果让一个人评价另一个人的某种抽象品质，比如同理心、远见或战略思维，获得的评价所反映的信息多半关于评价者自己，而不是被评价的人。为了获得可靠数据，我们只询问成员自己的体验。

其次，你可能也注意到，这 8 条陈述可以分为两大类。序号为奇数的问题是一类：

---

① 严格地说，每一条都是参与调查者在问卷上回答的问题。因为是陈述而非疑问，所以后面没有问号。不过这几条表述常常被称为问题，用处就是把我们这些尝试研究的人彻底搞糊涂。本书讨论的这 8 条陈述版权属于 ADP。

（1）我对自己所在公司的使命满怀热忱。

（3）在团队里，我身边的人都跟我有共同的价值观。

（5）队友会为我提供支持。

（7）我对公司的未来发展十分有信心。

这几条是与团队中其他人互动带来的体验，可以称为工作中的集体体验。我们作为一个团队或一个公司所共有的是什么？这一类可以被看作关于“最好的我们”的问题。

序号为偶数的问题是另一类：

（2）在工作中，我很清楚公司对我的期待是什么。

（4）工作中的每一天，我都有机会发挥自己的强项。

（6）我知道自己的杰出工作会得到认可。

（8）我在工作中经常碰到有利于自身成长的难题。

这类问题是工作中的个人体验。“我”有什么独特之处？“我”的价值在哪里？“我”是否遇到难题、感到可以获得成长？这些是关于“最好的我”的问题。

“我们”的体验和“我”的体验，这两类体验是职场发展所必需的。这些东西非常具体，可以有效评估；十分个人化，可以揭示个人体验与集体体验的复杂交互。这样的体验渗透在工作中的每一天。比如前文讲到的波兰办公室团队，我们可能不知道那个团队的“文化”是什么，但我们知道，一起吃午饭、聚会可以让团队成员感到队友在支持自己，让他们对“优秀”有一致的定义，让他们感到自己平时被要求做到最好，让他们可以看到队友圆满完成工作，等等。这8条陈述提供了一种评估员工工作体验的简单方式，团队领导者可以从这里着手采取措施。

20多年针对团队及其领导者的研究告诉我们，优秀团队领导者的特征是有能力满足团队成员的两项需求。首先，团队成员希望从团队领导者那里获取的首先是归属感，领导者要让成员感到自己是集体的一部分，大家一同进行的工作重要且有意义；其次，成员需要感到领导者在注视自己、关心自己、与自己有联系，在将自己视为独立个体的前提下有针对性地给自己安排有挑战性的工作。成员既需要领导者提供集体感，又需要领导者看到每一个人的独特之处；领导者既要认可全体成员的共性，又要强调每个人的特性。要想成为优秀的团队领导者，需要整合并满足这两项截然不同的需求。

本书将探讨优秀领导者如何做到这一点——他们关注什么，他们如何与身边的人互动。同时，我们还将进一步探讨以上8条陈述，看看工作中的谎言如何与这8项重要需求相悖。

· · ·

第一个谎言，员工在意自己为哪家公司效力。这是什么意思？

现在我们已经知道，上文提到的8条陈述准确地评估了我们工作体验中最重要的部分，换句话说，就是影响业绩、主动离职率、损失工时、工作事故及客户满意度的因素。因此，如果大部分人的工作体验由所在公司决定，那么我们向同一家公司所有团队的所有人提出同样的问题，理应得到同样的答案，而不会从不同的团队获得不同的回答，因为一家公司内部的日常工作体验应该是大致相同的。[①]

然而事实并非如此。我们发现，同一家公司内部关于工作体验的分数差距，比两家不同的公司之间的差距还大。一家公司内部的工作体验比两家公司之间相差更大。

图 1–1 是思科公司 5 983 个团队对第二条“在工作中，我很清楚公司对我的期待是什么”的回答情况。

这是一个非常基础的问题。如果你在公司待过很长时间，你就会知道，公司会花很多精力讨论战略、规划、重点、主题、重要项目和业务需求，思科也是这样。尽管如此，思科近 6 000 个团队在“公司对自己的期待”这方面的认知却参差不齐。接受调查的所有公司、所有团队都是如此。

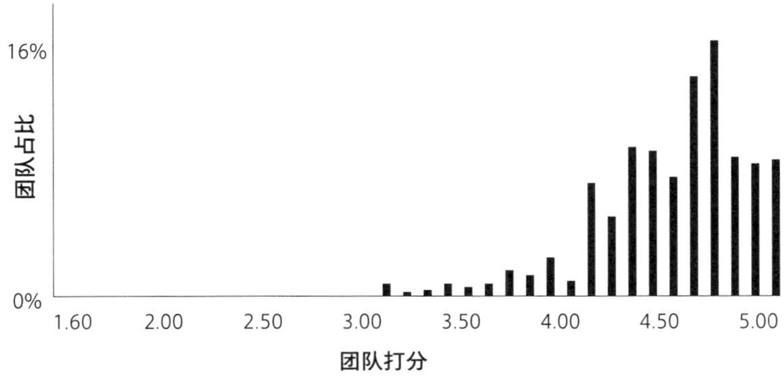

取样：5 983 个团队

图 1–1　各团队对期待的认知（团队对“在工作中，我很清楚公司对我的期待是什么”的回答）

---

① 更准确地说，如果是这样，那么我们在一个团队内部看到的不同之处应该跟在整个公司里看到的一样多。

图 1–2 是 Mission Health 公司的 1 002 个团队对第七条“我对公司的未来发展十分有信心”的回答情况。

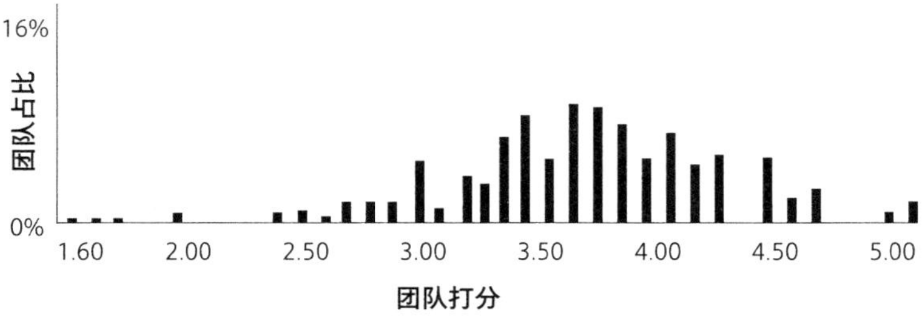

取样：1 002 个团队

图 1–2 各团队对期待的认知（团队对“我对公司的未来发展十分有信心”的回答）

假如说有哪一条的公司内部差距理应比公司之间的差距小，那肯定就是这一条了。毕竟一个公司根据目前状况能够推测的未来只有一种，不管在哪个团队看来应该都是一样的。然而事实并非如此。同一公司内部不同团队的员工，对这一条的回应大相径庭，不同团队对公司未来有信心的程度大不相同。

所有这 8 条都让我们看到了相似的情况。换言之，有关工作体验的重要方面，同一公司内部团队之间的差异大于不同公司之间的差异。以“公司内员工无论归属何处，对公司的感受都趋于一致”这个假设为依据的一切理念（比如文化理念）都不成立；以“不同公司的员工体验不同”这个假设为依据的一切理念（又是文化理念）并不完善，因为同一公司内部的体验差异甚于不同公司；以“广泛且恒定的公司特性决定着我们的工作体验”这个假设为依据的一切理念（还是文化理念）都是错的。

就工作体验而言，真正重要的不是“公司”，而是“周围”，是我们如何与身边的同事、一起吃饭的同伴及临时聚会的搭档互动。至少这是这项研究告诉我们的事实。

此外，假如我们关心的是自己供职于哪家公司，那么在特定团队的工作体验理应与是否选择留在特定公司毫无关系，因为公司大于团队。但我们的分析始终表明，如果团队的相关分数太低，团队成员离开公司的概率就会很高。例如在思科，我们发现，在全公司范围内，当一个团队从业绩较好变为业绩较差时，该团队成员离职的可能性增加了45%。员工选择离开的不是公司，而是团队。把你放在坏公司的好团队里，你可能会留下来，但如果把你放在好公司的坏团队里，你肯定不会在那里待多久。团队决定着你的工作体验。英裔爱尔兰哲学家埃德蒙·伯克早在1790年就说过：“爱我们在社会中所属的小团队，是公众之爱的首要原则（相当于萌芽、起源）。”[2]

我们密切关注数据，寻找规律和变化，得出了这样的结论：员工可能关心自己加入了哪家公司，但不在乎自己在为哪家公司效力。员工在意的是自己在哪个团队。

前不久，ADP研究所开展了一项研究，调查19个国家员工的工作敬业度——令员工投入的动力是什么，带来了什么效果。我们在附录中放上了研究成果摘要，不过其中有三个重点想在这里给大家讲讲。

第一，几乎所有工作的实质都是团队合作。在员工超过150人的公司里，82%的人在团队中工作，72%的人所属团队不止一个。即使在不到20人的小公司，这个结论也成立：小公司中68%的人表示自己在团队中工作，49%的人说自己在多个团队中工作。研究涉及的每一家公司都是如此。

第二，在团队中工作的人，给上述8条关于工作投入度的陈述打出高分的可能性会翻倍，而且这种与团队相关的投入度可以扩展到多个团队——身在5个不同团队的员工的工作投入度最高。

第三，像莉萨一样表示自己信赖团队领导者的团队成员，全力投入工作的比例是其他人的12倍。

对团队领导者而言，好消息是员工在工作上最关心的因素在领导者的掌控之内。领导者也许无法修改公司的产假政策或对食堂饭菜质量产生影响，但可以打造健康的团队——可以选择是否明确对员工的期望，是否让每位员工在合适的岗位上发挥才能，是否认可团队的优秀工作，是否协助员工的职业发展，以及是否逐渐与员工建立信任关系。当然，领导者本身有繁重的日常工作，要做到上述这些难度不小，但在日常工作中多少要顾及这些方面。

坏消息是，公司可能不会重视这个问题。你尽全力为自己团队的成员提供这些体验，但公司其他团队领导者可能不会这样做。公司总是忽视团队的重要性，多数公司甚至不知道在某一时刻公司内部究竟有多少个团队、团队成员是哪些人，更不知道最好的团队是哪一个。对于团队，我们功能性失明。而且我们过分强调文化，导致公司免除了原本属于团队领导者的责任，转而关注普遍性。现在你知道了，自己所在的公司并没有统一的文化，公司文化中与众不同的地方无法得到衡量，员工问卷调查的总分只是把许许多多各种各样的团队级别问卷调查硬捏在一起，而这样得出的结果掩盖了真正重要的东西。你还发现，CEO想打造伟大的公司，唯一能做的就是照着公司最佳团队的样子打造更多团队——能做到这一步已经很了不起了。

现在你也知道，关于公司文化的陈述，往往是伪装成数据的故事——某个虚构世界里发生的故事，生动有趣，引人入胜，偶尔有点儿吓人，但并不是真的，就像《纳尼亚王国》，或者《魔戒》里的中土大陆（如果霍比特人也有工作）。

· · ·

如果说工作中最重要的体验是身在团队中的体验，那么我们该如何看待所有的“某某文化”？文化是否无关紧要？

历史学家尤瓦尔·赫拉利在《人类简史》（*Sapiens*）[3]及其续作《未来简史》（*Homo Deus*）[4]中提出问题：让人类胜过其他物种的是什么？他考察并否定了一些常见的解释，例如人类不是唯一能使用工具、拥有语言、制订计划或体验知觉的物种，随后开始探讨我们眼中的“现实”的概念。我们知道，客观现实是独立于我们的态度和感受而存在的：即使你不相信有引力，你从窗户跳出去也仍然会在引力的作用下掉到地上。主观现实则完全取决于个人的态度和感受：你牙疼得厉害，即使牙医说没有检查出任何问题（客观上没有问题），你也还是牙疼。

但赫拉利提出，还有第三种人类独有的、能够解释人类这一物种的优势（好坏两方面都有）的现实——所有人都相信的现实。这类现实的存在不依赖客观现实，也不取决于某个人的主观现实，而是建立在集体信仰的基础上。比如金钱之所以存在，是因为我们都认可它的存在。我们乍一听这个观念可能觉得很奇怪——钱当然是钱，不是什么大众信仰体系，不过，试想如果我们都不再相信这类现实，它们就会变得不再现实。如果所有人都突然不再相信一张纸值 10 美元，那么这张纸立刻就会失去原先作为 10 美元钞票的价值。2016 年 11 月 8 日晚，印度政府宣布某几种钞票自次日起不再是法定货币，大体上就是这样的事——这些钞票迅速从“因为我们都相信有价值所以有了价值的东西”变成了“因为一些人不相信有价值所以失去了价值的东西”。

赫拉利将这种扩展性的公共现实称为“主体间现实”，并认为这就是人类这一物种不同于其他物种的缘由。主体间现实让我们得以跨越空间和时间，与素未谋面的人协调合作。举例来说：我们对国家这一主体间现实的信仰，让我们与其他公民一同出资建立纪念碑，或发动战争；我们对民主这一主体间现实的信仰，让我们参加选举投票，遵守法律。主体间现实是智人区别于其他物种的一大特征、最尖端的技术。

工作中的主体间现实是什么？首先自然是公司的概念。我们触摸不到公司，公司这个概念只存在于法律领域（法律又是一个主体间现实），假如我们不再相信其存在，它就不复存在。再比如上市公司股价、公司品牌和品牌价值，以及银行结余。要聚集许多人来达成复杂、持久的目标，这些都是有用的，甚至是必不可少的。没有了这些以及工作中的其他许多主体间现实，我们无法做成“公司”这一概念出现以来的许多事。但这些东西不会成为与重力同等水平的客观现实，不会变成像牙疼的感觉一样的主观现实，也不会成为工作中的其他人（你的团队）那种意义上的现实。

在这个意义上，“公司”是一个虚幻的概念，“公司文化”亦然。这个概念很有用，不能抛弃，但我们应当注意，不要把它跟其他概念混淆。文化为我们在世界上定位，构成我们彼此共享的故事，为“公司”的空壳注入生命。可是，我们对故事的需求、对构建这个世界的共同感的需求太过强烈，于是我们认为我们所在的公司及其文化能解释我们的工作体验，然而并不能。我们对自己所属群体的认同感太过强烈，我们难以想象公司中的其他人拥有的“群体”体验竟与我们的截然不同。然而事实的确如此。而且这种切身的团队体验对我们选择是否留在群体中的影响，比“故事”大得多。

· · ·

那么，如何将某个公司独有的、你所习惯的文化与真正重要的团队体验结合在一起？美国户外连锁品牌 Patagonia 的入职方式跟 Salesforce 的截然不同，高盛集团的着装规范与苹果公司的天差地别，这些事物与真正的工作体验有何不同，为什么？

不同之处在于，这些因素是符号，设计它们的目的在于引诱你接近。你也许不在乎自己为哪家公司工作，但你关心自己加入了哪家公司，这些符号正是被用来帮助公司强调对某一特定类型的人的重视，吸引这个类型的人的。因此这类符号在宣传材料中一再出现，在各种公司排行榜上十分显眼，因为公司希望如此。这些东西类似吸引异性的孔雀羽毛，看上去很酷，因为它们原本就是为了吸引你的注意而设计的。所以，当你下次看到某公司给员工“20%”的时间用于投入个人项目，或者声称总是从内部提拔人才成为领导时，你要记住，这种漂亮羽毛就是用来吸引你的，而且这样的吸引力将来多半会消失。

文化方面的“孔雀羽毛”与真实工作最大的不同在于，前者对员工及其团队日常工作的影响微乎其微。这种共有的虚构概念，目的不是作用于日常工作，而是吸引特定类型的人才加入公司。等到员工对这类共有虚构概念的信任消失，概念本身就会消失。而团队体验，即员工与同事交谈、合作的具体方式，对日常工作有着深远的影响，其存在并不依赖于全体员工的共同信任。无论员工是否信任团队体验，能否以同样的方式表述团队体验，这种因素都能够影响团队工作效率，以及有多少员工选择留在公司、留多久。

· · ·

研究杰出绩效及其原因时，你会发现“没有吠叫的狗”[①]，而且不止一条——公司没有“吠叫”，文化也没有。在前文提到的波兰办公室的例子里，实现杰出绩效的因素显而易见。那三位员工共有的工作体验中的关键，不是吃饭的地方，而是一起吃饭的人。他们也许会将思科视作给了他们一张餐桌可以坐，或者提供了办公室的一个角落让他们聚在一起的地方，但如果这些因素都不改变，换掉他们的队友，或者改变他们与队友交流的方式，那么他们原有的体验就会消失。在现实层面，他们跟另两位队友聚在一起的那个角落对他们来说比思科专门用来吸引人才的一切要素都重要。研究杰出工作绩效时，最大的因素是一同处理具体工作的人，也就是团队。

所以团队非常重要，比文化“羽毛”更重要。

团队使工作变得简单，帮助我们了解应该注意什么、应该做

---

① 格雷戈里：“还有别的地方要我注意吗？”福尔摩斯：“那天夜里狗的反应很奇怪。”格雷戈里：“那天晚上，狗没什么异常的反应啊。”福尔摩斯：“奇怪的就是这个。”出自《福尔摩斯回忆录》中的短篇小说《银色马》，作者柯南·道尔。

什么。有趣的是，文化起不了这个作用，因为文化太抽象了。

团队让工作变得真实，通过工作内容和一起工作的同事，团队让我们置身于切实的日常工作。文化没有这个作用。

团队令员工有家的感觉。这一点近乎荒谬。文化强调围绕同一核心的一致性，团队关注的则是其反面。团队不推崇一致性，不要求大家齐步走，而是让每位成员发挥特性，为共有价值服务。在理想状态下，团队推崇每位成员的独特贡献。要想聚集起来利用各自不同的特性共同实现一个人无法做到的事情，团队是最佳形式。

前几年有很多关于企业内部团队的讨论和文章，可惜没几个人抓住了重点。迄今为止，这类讨论的方向还是我们应当重视团队，因为工作中有很多团队。这当然是事实，但这又不是新鲜事。的确，如今新的沟通和信息技术，让团队能够以前所未有的跨地域、跨时区、跨部门的形式组建，可是，现在有很多团队、很多不同类型的团队，这并不是最重要的问题。真正重要的问题是，我们只有置身于团队，才能在工作中展现自己的个性，发挥更大的价值。

从某种层面来讲，这本书后面的部分讨论的就是这个问题。为了清楚地表述，我们放弃了对文化“羽毛”的解读，只有这样才能简明地揭示团队的真相。在这个过程中，我们逐渐意识到文化这一概念最大的问题可能是，文化无法帮助我们了解要多做什么、少做什么，或者如何做些与众不同的事。不管文化是否真实存在，是否划定我们在工作中所属的群体，是否引诱我们加入某一类公司，它都无法告诉团队领导者如何提升团队表现。因此，我们要帮助领导者了解工作体验产生之处：团队、团队人际网络及其领导者。这才是最重要的。

· · ·

身为团队领导者，你要做三件事。

第一，确保自己始终知道自己的团队对上文提到的 8 个问题的回答。这一点可以通过技术手段实现，但最简单的方法是直接询问团队成员，一次问一个人。不管员工如何作答，领导者都会有所收获，而且都会意识到自己还在关注重要的信息。

第二，继续阅读本书，了解如何打造杰出团队，以及工作中的谎言是如何阻碍优秀团队的发展的。团队领导者的作用在任何公司都是最重要的。公司选择任命谁为团队领导者，是公司内部最重要的决策。目前最能决定团队工作体验的就是你。这个责任很重，但至少在你的掌控范围内。我们希望能帮助你进入团队领导者的角色。

第三，以后你想去别的公司工作，不要打听公司是否拥有优秀的文化——没人能从现实的角度告诉你这一点。你要多了解公司如何打造优秀团队。

2

掌握情报才能成功

制订计划不一定能成功，让员工掌握信息和情报更重要。

乔治·克鲁尼有个计划。

在电影《十一罗汉》（*Ocean's Eleven*）的开篇，克鲁尼拿出自己为闯入拉斯韦加斯某个赌场戒备森严的金库而制订的计划之后，卡尔·雷纳说："我有一个问题。"

"假如我们冲进栅栏，通过防盗门，下了我们开不动的电梯，绕过带枪的警卫员，进入我们打不开的金库……假设这一切都做到了，我们就能带着1.5亿美元顺利出来，没有人阻拦？"他问道。

众人陷入沉默。精英团队的成员面面相觑，不明白他要说什么。

克鲁尼停顿一下，点点头，说："没错。"

卡尔说："啊，好吧。"我们立刻就知道，克鲁尼对此也有个计划，卡尔知道他有计划，但不需要知道具体是什么样的计划，只用知道他有计划，而且最好是个不错的计划，毕竟大家都知道，制订出最佳计划就能成功。

对观众而言，令人兴奋的是看这个计划是否成功——马特·达蒙能否完美复制警卫员的徽章？卡西·阿弗莱克和斯科特·凯恩滑稽夸张的生日气球能否成功地挡住赌场的摄像头？克鲁尼能否吸引朱莉娅·罗伯茨？（当然，这三个问题的答案都是肯定的。）

可是，想象一下让每位团队成员紧张的是什么。虽然他们是在充满挑战的条件下聚集起来的，但他们有计划，分配好了每个人的任务。每项任务都被严格限制，有时间要求，而且彼此牵制，例如布拉德·皮特必须等到克鲁尼把手机丢进朱莉娅·罗伯茨的外套口袋才能给她打电话。每个人都知道，只要自己顺利完成任务，取得既定成果，就能够顺利推动整个进程。计划得以顺利执行，钱就到手了。这种感觉让大家感到安全。

如果你刚刚晋升为团队领导者，公司对你的第一个期待就是制订一个计划。可能在正式上岗前，你就会被人问起针对团队的计划，或者更具体一点儿，你对团队未来三个月的计划。你必须坐下来认真思考，与团队成员沟通（其中许多人以后归你管），然后努力把自己变成电影里的乔治·克鲁尼，好好制订一个计划。

在这个过程中，你会迅速意识到自己的团队与克鲁尼团队的不同：他的团队本身是独立行动的，而你的团队还涉及其他很多团队，每个团队都有各自的计划。其实只要抬起头来看看公司其他团队，你就会发现，大家都被计划弄得团团转。所有团队都在反复实践和走弯路的过程中制订着计划，或者一再修改已有的计划。

你现在可能还不会立刻感受到，但几年以后就会领悟，做计划是有规律的，有一套固定的节奏年复一年地重复。11月董事会议之前，公司会在9月开一次高管会，可能会做一次SWOT分析，即优势（strengths）、劣势（weaknesses）、机遇（opportunities）、威胁（threats）分析。SWOT这个名字挺可笑的，实际内容跟名字一样可笑——可能会请外部顾问协助，经过各种分析、辩论、提议和驳回，最终达成协议，制订出战略计划。随后他们把计划提交董事会，等到获批后传达给直接下属。之后这份战略计划会被分为许多具体计划（部门计划、分部计划、地区计划等），一次比一次详细，最后你要带领自己的团队制订一套你自己的计划。

之所以这样做，是因为我们相信计划十分重要。我们认为，如果能制订出好的计划，把所有团队的计划统统纳入范围更广的公司计划，就能够确保资源合理分配，后续发展和时间安排都顺利进行，每个人的职责都得到明确，我们拥有的人才也正好满足需求。有了这种信心支撑，我们认为，只要设法激励团队倾尽所能，就能取得成功。

与此同时，这种计划还带有一种令人憧憬的光环。我们试图塑造未来，而计划就像是为将来的几个月搭好脚手架，让我们可以在此基础上构建更好的世界——计划不仅能规划未来，还能令我们安心。计划为我们提供确定性的堡垒，或至少能对抗不确定性。计划令我们相信，我们能够像电影里演的那样，拿着钱走出赌场。

大型计划带来中型计划，中型计划带来小型计划，这个循环你很熟悉，所以你肯定也很清楚，事物发展几乎不可能尽如人意。

当然，制订计划的初期令人激动，但你参加计划会议越多，就越会觉得徒劳无功。计划写在纸上，看上去完美至极，但你能感觉到，现实不可能按照计划顺利发展，于是不久后你又要来参加另一场计划会。你们会留下一个草拟的计划框架，就具体化和可行化所必需的措施达成共识，然后关于可行化的会议稍微延期，最终进行时就会偏离方向。等到团队终于把握了行动细节，又会有新的创意出现，让你重新思考原本的计划。而电影里的乔治·克鲁尼不必应对这种麻烦。

在现实世界中，团队领导者却要面对这一切麻烦。当今世界最大的特点是瞬息万变，事物变化速度极快。把《十一罗汉》放到现实里，克鲁尼整合完计划，挑选出合适的团队成员，确定好每个人的任务，开始行动，进入金库，打开保险箱，然后会发现里面空空如也。因为内华达州修改了赌博监管法令，赌场老板安迪·加西亚已经放弃现金，改用比特币，而且为了在《财富》杂志的公司榜单上上升几位，他把金库改成了地下健身中心，促进员工身心健康。现实世界里的《十一罗汉》团队冲进金库，会看到午休时间的热瑜伽课。

· · ·

斯坦利·麦克里斯特尔将军不得不与这个瞬息万变的世界做斗争，他承担的风险比你承担的大得多（但愿你的处境不会比他更艰难）。他在自己的著作《赋能》（*Team of Teams*）中描述了自己在负责指挥美国联合特遣队时尝试执行“计划”的情形。[1] 这个团队集合了美国军队各个分支的特种部队，包括三角洲部队、陆军第75游骑兵团、海军陆战队远征军直属侦察连、海豹突击队，以及空军伞降救援队和战斗控制组，其任务是调配这些部队参与2003年美军入侵伊拉克之后与恐怖组织的斗争。上任几个月后，麦克里斯特尔与其参谋建立了“一个绝好的机制”，使计划、执行及目标搜查的任务报告速度大幅提升。然而他们在战场上依旧节节败退。他们面对的敌人具有自发性，组成分散且敏捷的小组，不依靠指挥系统就能策划和执行袭击。麦克里斯特尔团队中负责计划的人员尽力优化流程，但计划永远赶不上变化。传统的计划流程——情报搜集、分析、目标识别、制订搜查计划、行动、总结，即使以光速进行也不够快。麦克里斯特尔的部队还会经常遭遇突然袭击，制订的搜查计划会扑空。

改变无处不在，速度极快。你在9月制订的计划，到11月就会作废。隔年1月再回头看，你可能已经看不懂自己在前一年秋天写下的职责和任务了。如今各种事件和改变发生的速度之快前所未有，对某个单一场景进行剖析并制订周密的计划，其针对的“当下”很快就会过去。为制订详尽计划而耗费的时间和精力注定白费。计划无法告诉你要往何处去，只能帮助你理解自己眼下身在何处，或者说在制订计划之前曾经在何处。我们制订的计划描述的不是未来，而是刚刚过去的过去。

制订计划的人又在哪里？他们远离公司一线，掌握不了制订计划所需的实际工作信息。你不出去销售，如何制订将特定产品卖给特定客户的销售计划？不可能的。你可以根据对抽象场景的概念理解或者整体趋势的平均数据，构建销售理论“模型”，但如果不植根于现实，没有真实销售沟通经验的基础（例如潜在客户在哪个时刻突然双眼发亮、身体前倾认真听你讲话，什么时候不耐烦地打断你的话），你的计划就永远是假设，无法反映现实。

放在麦克里斯特尔将军的例子里，就是根据总结（比如“我们在25%的时间里走错了地方”）制订计划与根据具体现实情况（比如“今晚目标人物可能会离开自己平时所在的地方，我们要如何截住他？”）制订计划的区别。可惜，多数计划，尤其是公司高层制订的计划，都是前者而非后者。

即使你制订了极其周密详尽的计划，员工也会对这种静止的、概念化的、脱离现实的工作指导方式感到不满。比如，《十一罗汉》里的计划列出具体任务，要求明确，团队成员欣然接受。但如果全体成员都圆满完成任务，最后发现金库里没有钱，他们会怎么想？假如团队成员一次又一次告诉高层领导者，金库里没有钱，只有瑜伽班，反复被他们打扰的瑜伽教练已经生气了，而且他们穿着连体衣、戴着面罩，跑到热得要命的瑜伽教室去显得愚蠢至极，但领导者坚信计划能成功，成员不得不反复依照计划行事，他们会怎么想？

员工希望（且需要）根据自己所处的现实情况行动，获得真实的互动。领导者下达预先制订的计划，不仅会限制员工，还很可能暴露自己对现实认知不足的问题。

并不是说计划毫无用处。制造一定的空间，全面思考自己掌握的信息，并利用信息形成指令或观点，这是有价值的。但要明白，此时你只不过是在了解自己团队面对的难题的难度和性质，无法得出解决问题的方法。解决方案存在于真实可感、不断变化的现实中，而计划是对过去近期状况的抽象理解。计划关注的是问题本身，而非解决问题。

因此，虽然我们都觉得制订出最佳计划就一定能成功，但事实恰恰相反。许多计划，尤其是大型组织里的计划，过于笼统，落后于现状，让负责执行的人无奈且苦恼。换个方法，依靠每一位团队成员的能力和智慧，根据现实具体情况安排团队工作，效果会好很多。

· · ·

1940 年年末，希特勒的军队横扫欧洲，到达法国海岸，只要再干掉英国皇家空军，就能征服英国。虽然英国皇家空军在夏季增加了战斗机数量，但还是不够用。因为无法预测下一次袭击，防御方（这里指英国皇家空军的喷火式战斗机和飓风式战斗驱逐机）应当轮班进行持续不断的巡逻，随时防备敌方来袭，这是正常情况下的防空模式。然而英国海岸线漫长，保持不断巡逻所需的飞机和飞行员数量庞大，难以实现。唯一可行的方法是推测敌方何时来袭，而大多数推测都是错的——能截留一半的敌机就算是“不错”的截留率了。从古至今的空战一直如此，所以后来有一句名言：“总会有轰炸机突破防线。”

英国皇家空军要想保护英国，就必须让有限的飞机和飞行员更高效地发挥作用，为此他们设置了一个房间。

走进这个房间，你会看到一整面墙上挂着 26 块白板，每块白板顶端标着一个空军中队的编号，下面是 4 种不同颜色的灯，代表每个中队内部的飞行小队。3 架飞机为一个小队，一个中队有 12 架飞机，共 4 个小队。灯的颜色代表小队状态——准备行动、已经起飞、正在迎战、返航补给等，而且可以看出各小队飞行的时长。这些白板叫作灯光信号盘，可以显示每架飞机接到的指令，把握全部 26 个中队共 104 个飞行小队的状态。

灯光信号盘下面有两行数字，是这一天各中队可调动的飞机和飞行员数量。每个中队有两个数字，一共 52 个数字。

在这面墙的底部可以看到 4 块屏幕，显示防空拦阻气球所在的高度，另外还有当天的天气预报——又是 5 组信息。

墙中央是一面特殊的时钟，钟面每 5 分钟分为一格，每格的颜色是红色、黄色或蓝色，与占据了房间大部分空间的地图桌有关。桌面上是部分英吉利海峡和部分法国海岸线的放大版地图，桌边有几位头戴耳机、手拿指挥棒的女性，地图桌中央有几个标了数字的木块，木块上还插了其他标着数字的像牙签一样的小棍。

每个木块代表一组飞机——攻击型、防御型或未知类型。飞过法国陆地或在海面上方的飞机会被两个雷达系统定位，这两个海岸警戒雷达系统统称为“Chain Home”，海面上通过海岸线上的 40 个雷达站获取信息而飞过陆地上空的飞机则会被英国皇家对空侦察队 1 000 个观察点的 3 万名成员观察并报告位置。飞机是敌是友，由第三方系统判断，相关信息与飞机所在位置信息会被一同传送给地图桌边的女性指挥者。随后，她们会把木块挪动到相应位置，在木块上贴一个数字标识码，标注该组飞机数量、飞行高度、是敌是友，如果是敌人，要派哪个中队去拦截，最后这条信息就是小棍上的数字。数字都有颜色编码，颜色对应那面奇怪的时钟上的颜色，这样一来，每个人都可以一目了然地掌握最新情况。

地图桌每分钟接收到海岸警戒雷达系统传送来的几千条信息，以及敌友判定系统的几千条信息，每 24 小时还有来自皇家对空侦察队的 100 万条报告，每条报告都在 40 秒内被送进房间。

而这个房间的工作就是对以上所有信息进行实时汇总、呈现，让一线团队成员（控制者）以此为依据做出判断，将军队派往敌军所在地。这个房间（现在叫作大不列颠空战碉堡，Battle of Britain Bunker）和遍布英国的有着相同设计的房间以及相应信息系统组成的网络，以其创始人英国皇家空军司令休·道丁（Hugh Dowding）的名字命名，叫作道丁系统。

道丁系统改变了局面，将平均截留率从战前的 30%~50% 提升到了 90% 以上，甚至常常达到 100%，换句话说，就是让防御效率翻了一倍。[2] 道丁系统并不是依靠陈旧综合信息的计划系统，而是根据新的、详细的原始信息采取行动。让英国皇家空军力量翻倍的是一个情报系统。

· · ·

准确、实时数据、传播广泛而迅速，而且可以呈现细节，供团队成员查看并据此采取相应的行动——了解了情报系统区别于计划系统的这些特性，我们就会发现，情报系统在现实中无处不在。大不列颠空战碉堡是早期的作战情报室。作战情报室这个词现在多用于比喻，比如比尔·克林顿第一次竞选总统时的著名情报室、用于危机管理的情报室、美国航空航天局在得克萨斯州休斯敦的指挥中心、电视直播节目制作室，再比如思科的安全运营中心，工程师可以监控一组客户网络的整体情况，一出现问题就会立即做出反应。

以上情报室的共同点是，尽快将信息传送至整个组织，以便立即采取相应行动。这种策略的基本假设是，人们都是明智的，只要能向他们提供关于实际情况的准确的、实时的、可靠的信息，他们就能够做出明智的决定。

制订出最佳计划就一定能取得成功，这个假设是错误的。现实是，掌握情报才能成功。

· · ·

身为团队领导者，该如何为团队打造这样的情报系统？

首先，尽可能多地释放信息。思考自己拥有哪些信息源，根据需求尽可能地向团队成员开放。计划系统只会向“有需求的人”开放信息，情报系统则是尽量以最快的速度最大限度地向所有人开放。所以，先别担心团队成员能否理解开放的数据，能否对其加以利用。只要你觉得信息能帮助他们更好地理解当下状况，那就把信息分享出去，而且要鼓励他们做同样的分享。帮助他们理解：定期分享自己掌握的信息至关重要。你要确保团队成员随时都能自由地获得大量实时信息。

其次，留意团队成员认为有用的信息。不要急于简化所有数据以便使用，也不要将所有信息整理得清晰连贯。如今，有关数据的最大难题并不是理解应用，毕竟我们每时每刻都在应对复杂的世界，十分擅长明确自己需要的信息，而且知道要去哪里寻找。最大的难题是获取准确信息——过滤噪声，找到准确的信号。这项活动难度更大，对团队的价值也更大。因此，一定要高度注意准确性，观察员工会被怎样的信息吸引，逐渐增加此类信息的数量、深度和提供速度。

再次，相信员工能够妥善利用数据。计划系统不让一线员工解读数据，而是让特定少数几个人对数据进行分析归纳，随后制订计划并告知其他员工。情报系统恰恰相反，因为情报系统中的"情报智慧"不依托少数人，而在于所有活动在一线的团队成员的解读能力。最擅长解读数据的不是领导者，而是一线员工。

麦克里斯特尔在介绍自己最终在伊拉克建立的情报系统时，也提出了相同的问题："在原有模式中，下属提供信息，领导者下达命令。我们反其道而行，让领导者提供信息，帮助下属了解当前局面和其中存在的联系，有这些能力的下属就可以采取行动，做出决定。"[3]他的例子恐怕是情报系统的实际应用中最极端的一个。

· · ·

无休止的会议，能轻易毁掉一整天。对大多数人来说，会议就是浪费原本可以用来处理实际工作的时间，来看各种关于近期难题的展示演讲，或者讨论那些在宏伟计划里显得很重要的议题，但这种事一点儿都不紧急。虽然有数不清的会议“最佳做法”能够确保会议发挥一定程度的功用（准备书面日程、记录后续发展等），但大多数会议还是会让部分参与者觉得，有这个时间明明可以做点儿更有意义的事情。①

因此，麦克里斯特尔将军在伊拉克的作为令人称奇，且有违常理。他安排了会议，每周 6 次，每次两个小时，让 2 000 人参加。

这个会议叫作“行动与情报”（Operations and Intelligence，缩写为 O&I）。每天华盛顿时间上午 9 点、伊拉克时间下午 4 点，麦克里斯特尔团队全体成员（后来还有其他组织对 O&I 会议感兴趣的人）都会通过视频参与长达两个小时的信息分享会。在这两个小时里，任何人都可以分享 1 分钟的近期相关简报，之后是 4 分钟的提问时间，领导团队或其他任何想进一步了解信息的人都可以提问。O&I 会议并非麦克里斯特尔首创，但之前形式不同。以前的 O&I 会议时间更短，开放性较低，仅限“有必要”了解相关信息的人参与——以前 O&I 会议是典型的计划系统的一部分。

麦克里斯特尔的 O&I 会议则全然不同：向所有希望了解及分享信息的人开放；十分民主，分享情报和提问的不只是高层官员，每个人都可以这样做；即时更新，最新情报不必经过加工和审查，只需简述；召开频率非常高。麦克里斯特尔建立的这个系统融入

---

① 半秃顶老板：“我们要开会讨论一下留住员工的问题。”
呆伯特：“跟他们说说，员工辞职就是因为没用的会议太多。”
半秃顶老板：“第一场会议并不会涉及这个问题的原因。”

了以下理念：信息很快就会过时，因此必须迅速分享；促进一线协同行动的最佳方式不是协调行动本身，而是把重点放在一线行动当下需要的信息上；最能判断信息是否有价值的是终端用户；还有至关重要的一点，即最擅长利用信息的也是终端用户；最后一点，利用信息的最佳方式是将信息整合起来。

麦克里斯特尔在刚到伊拉克时，想方设法改善原有的计划系统，每个月发起的突袭行动从 10 次增加到 18 次。等到他建立了自己的情报系统，这个数字增加到了 300。[4]

这个例子讲的是规模庞大的情报系统，但是，研究一下优秀的团队领导者，你就会发现，其中许多人都有与之相似的定期活动，只是参与者不是 2 000 人，而是两个人。这类定期交流会，简单地说，就是团队领导者与团队成员频繁进行一对一交流，讨论未来短期内的工作。

要多频繁？每周一次。优秀的领导者明白，年初制定的目标，到了第三个星期就会与现实脱节，一整年的工作也不是跑马拉松，需要提前很久进行详细规划。一年的工作是 52 场短跑冲刺，每一场的具体情况都因现实变化而有所不同。他们知道，团队领导者的关键作用在于，确保团队成员在第 36 场冲刺中跟在第一场中一样精力充沛、竭尽全力。

因此，这些领导者每周都会与每一位团队成员进行简短的会面，提出两个简单的问题：

本周你的工作重点是什么？

我能提供何种帮助？

他们不会让团队成员给出待办事项列表，而只是讨论这位成员的工作重点、遇到的困难，以及在工作进行过程中可以实现的解决方案。共同解读现状，只能在当下实现。等到这段时间过去再做出模糊细节的总结，并没有太大意义。所以，每隔 6 周甚至每个月开一次交流会都没有用，这种频率的碰面就会变成总结会。

事实上，数据显示，每月与团队成员交流一次，不仅没用，还会让情况更糟。每周交流一次的领导者会让团队成员投入度提升 13%，每月交流一次则会让投入度下降 5%。[5] 就好像团队成员在对你说："如果会面就是讨论概要，那我希望你别浪费我的时间了。要么深入我目前工作的细节，探讨一下你能如何提供帮助，要么就别管我。"

每一次沟通都是一次机会，领导者可以为团队成员提供思路，助其克服当下工作中的困难，或就提升某项技能提供建议。这样的交流会可以很短，只需 10~15 分钟，这段时间足以完成一次辅导学习。而且，像所有优秀的辅导一样，这种辅导必须结合该团队成员的具体现状、态度、优势，以及可能已经尝试过的策略。再强调一遍，发现这类细节的唯一方法，就是确保频繁交流。

于是我们可以得出优秀团队领导者的一个重要原则：频率胜过质量。优秀领导者知道，每次沟通进行得是否完美的重要性不及每周沟通一次。在情报方面，频率是最重要的。与团队成员的沟通或团队会议越频繁、可预见性越高，也就是越多地将当下的注意力分配给团队成员的现实工作，团队绩效和投入度的提升就会越大。从这个意义来说，沟通类似刷牙。你每天都刷牙，虽然希望每次刷牙质量都很高，但最重要的还是每天都要刷。每年两次超高质量的刷牙，听起来就很荒谬，每年两次超高质量的情报交流同样如此。交流频率低的团队，其情报效率也不会高到哪里去。

这个事实又揭穿了另一个谎言，即高层领导者和人事高管经常说的“我们的团队领导者辅导团队成员的水平不够高”。数据表明，每周与每位团队成员沟通的领导者，其团队的投入度和绩效都较高，员工主动离职率较低。这与沟通质量无关。我们确定，团队领导者无须拥有帕特·萨米特①的才能，只要经常与团队成员沟通，成员一定能够获得积极影响。即便领导者第一次沟通的质量不高，这一年里还有51次机会。领导者不管起点如何，才能如何，以后总会有所提升。

身为团队领导者的你可能会想，我愿意每周与员工单独沟通，但我做不到，我手下的人太多了！好吧，你手下的人太多了。在组织人力资源领域有一个长久的议题，就是管理范围，即一位团队领导者应当管理多少团队成员。有人认为管理范围上限是9个人，有人说是20人。一些护理人员管理着40名员工，电话服务中心管理者有时管理70人以上。

但是，确定了每周与员工沟通是优秀团队领导者最有效的手段，我们就能够确定团队领导者适合的管理范围：每周能够与之单独交流的人数。如果你每周能安排时间跟8个人交流，9个人就排不下了，那么你的管理范围就应该是8个人。如果你能设法每

---

① 帕特·萨米特（Pat Summit）是20世纪最好的教练。她是田纳西大学女子篮球队教练，带领球队在大学生篮球队历史上创下纪录：获胜1 098场。她8次获得NCAA（美国全国大学体育协会）大奖（在当时创下纪录），是奥运会奖牌获得者及教练，1984年带领美国女子篮球队获得奥运会金牌，2000年被评为奈史密斯世纪最佳教练。

周与20人分别交流，那么你的管理范围就是20人。如果你每周只能抽空单独见两个人，那么你的管理范围就是两个人。换句话说，管理范围并不是理论性、普适性的东西，而是要结合实际情况，结合团队领导者分配注意力的能力来确定。你的管理范围就是你的注意力范围。

为了建立情报系统，综合解读实时数据，每周沟通是最基础的活动。你必须规划自己的团队及其规模，实现每周单独沟通。如果你已经成为领导者的领导，那么你必须让手下的领导者了解，这种碰头会是领导工作中最重要的一部分。与团队中的每个人交流，对每位成员与现实工作的交集予以倾听、修正方向、调整、辅导、找到重点、提出建议、予以关注，并不是领导工作以外的附加环节，而正是领导工作本身。如果你不喜欢这种做法，觉得每周碰一次面很烦，或者每周一次太过频繁，那也没关系，但是看在休·道丁的分上，求你别当领导者。

在上一章，我们看到了让团队成员信赖团队领导者的重要性。不管是麦克里斯特尔的O&I会议，还是普通团队领导者的每周碰头会，频繁沟通、解读情报不仅能实现更好的决策，还有助于培养信任关系。上一章提到的8条陈述中，“在团队里，我身边的人都跟我有共同的价值观”和“队友会为我提供支持”这两条直接指向信任问题。如果这两项得分低，就很容易得出一个结论：问题在于意愿——团队成员相互之间漠不关心，无意相互支持。但事实上，得分低说明的不是意愿不强，而是情报不通：团队成员不知道如何相互支持，因为无法详细了解当前状况，所以无法提供帮助。如果不知道对方在做什么，怎么了解对方重视的是什么？同样，如果不知道对方在做什么，每位成员都无法获得安全感。不知道同伴需要什么支持，就无法提供支持。

在团队中发起的情报解读活动越多，发掘出的信息就越多，进而就能获得更多情报，建立深厚的信任。保密不可能催生信任。经常交流，才能提供安全感。

· · ·

道丁和麦克里斯特尔的经验，并不仅仅关乎系统、信息和流程，还表明了领导者在迅速变化的世界中所起的作用。这两个人所处的时代相差 60 年，但他们提供了共通的启示：尽可能多地释放信息、放开决策权的领导者，比精心制订完美计划的领导者更有力量。

成就优秀团队的 8 个特点里还有一条是，每位团队成员都觉得“在工作中，我很清楚公司对我的期待是什么”。看看 20 世纪初期的泰勒主义和科学管理、20 世纪中期的目标管理以及中间这段时间里数不清的管理学陈词滥调，甚至仅凭常识，我们都会认为明确期待的最佳方式是告诉员工要做什么。然而事实证明，在你告知员工要做什么的时候，世界已经改变了，你指出的方向不再正确。于是，我们用来在宏观上告诉员工要做什么的计划系统无法取得成功。

明确期待的最佳方式，是设法让员工自己弄明白该做什么。要解决的问题并不是消除复杂性，而是准确地找出复杂性——不要将复杂性隐藏在宏大计划之中，而是要把它分享给所有人。为此，要尽量向员工提供准确的数据，越多越好，越频繁越好，让他们看到当下的状况，然后共同进行解读。要信任团队处理信息的能力。

3

好公司会灌输意义

领导者不要自上而下布置目标，而应灌输意义和价值。

前不久，一位朋友跟我们讲了她的一个目标：跑马拉松。再说具体一点儿就是，她要参加明年5月的布拉格马拉松，距离现在还有7个月。我们问起原因，她说了几条：距离5月还有很久，足够让她“从沙发上爬起来去锻炼”；5月那段时间只有一场马拉松，就是布拉格那场；她还没去过布拉格，可以借此机会观光；布拉格的赛道据说大部分较为平坦，跑马拉松本身已经很累了，不想再上坡下坡。

这些当然都不是她想参加5月布拉格马拉松的真正原因。真正的原因是她想增强体能，要实现这个目标，跑马拉松似乎是最好的方法，虽然有点儿过于激烈了。其他细节，例如5月、布拉格、赛道平坦等，都只不过是她将目标具体化、个人化的方式。

这就是目标对我们起的最大作用。目标让我们为自己最重视的价值规划细节和时间，“拼接”成生动具体、可以描述的成果。目标在我们心中具体化，推动我们进步，从沙发上爬起来，在1月寒冷的周末早晨、3月细雨蒙蒙的晚上去外面跑步。目标成为我们的同伴，在我们心中一角扎下根，催促我们前进，指引我们的思想和行动，给予我们克服倦怠、伤痛及自我怀疑的力量，直到我们与其他心怀目标的人一同到达瓦茨拉夫广场，完成我们的马拉松。

目标如果在商界也能起同样的作用，帮助我们将重视的价值具体化并实现，那就会极其有用。

· · ·

在工作中，目标无处不在，没有几个公司不设定年度目标或半年度目标。一年里的某个时间节点，通常是财年开头，或者加薪、发过奖金之后，公司高层领导者都会为之后的 6 个月或 12 个月制定目标，然后告知团队成员。团队成员了解每位领导者的目标，各自设法为之努力，制定小目标，反映领导者目标的一部分。这个过程向下逐层推进，每位员工都会有一些小目标，各自反映组织层面大目标的一小部分。

如果组织的目标分为几类，那么每个人都要制定几类不同的目标，比如战略目标、运营目标、人才目标和创新目标等。制定好的目标要经过直接领导审批，再交给更上一级领导者过目，每一层级都会评估该目标是否有足够的挑战性，是否与上层各种目标相关联。

随着工作的推进，你可能会被要求记录自己目标完成的进度。“完成进度”的数据逐层整合，这样公司在一年中任何时候都可以展示具体数据，比如“我们团队里 65% 的人完成了他们目标的 46%。我们必须加快速度”。

每年年底，你被要求撰写简短的自我评估，反映自己对目标完成状况的感受，你直属的团队领导者会审核你的自我评估，给出评价，有时候还会加上他对目标完成状况的看法。等 HR（人力资源）催过几次之后，领导者会把这些信息全部输入公司的员工绩效管理系统，成为你这一年表现的永久记录，作为你加薪、晋升乃至续约的参考。

销售人员的销售额也起着相似的作用，公司总销售目标会被分为几部分，分给公司上上下下的员工。唯一的不同是，销售人员或其所在团队的销售额目标，只是一个上级领导者给出的数字，这个数字就确定了这一整年的工作。因此销售人员在多数公司都被视为完成销售额的机器。

而在智能手机的时代，一年制定一次目标注定是不够的，你的手机会迅速提升目标制定、评估和追踪的频率——因为我们相信，好公司一定都有一大堆自上而下的目标。

· · ·

多年以来，我们给公司的这类目标起过很多不同的名字。最开始是 MBO（目标管理），这个名称是从彼得·德鲁克 1954 年的著作《管理实践》（*The Practice of Management*）开始流行的。之后是“SMART 目标”，即具体（specific）、可衡量（measurable）、可执行（actionable）、现实（realistic）、有时限（time-bound），紧随其后的是 KPI（关键绩效指标）和 BHAG（大胆的宏伟目标，由吉姆·柯林斯提出）。最新的名称是 OKR（目标与关键成果），出自英特尔，现在硅谷很多公司都用 OKR 来定义目标、追踪完成情况，并根据“关键成果”进行衡量。

在各种各样的方法里，目标制定消耗了大量的时间和金钱。举两个具体的例子：咨询公司德勤每年为目标制定、追踪及评估投入的资金，据估计达到 4.5 亿美元；同为咨询公司的埃森哲，员工人数超过 50 万，在这方面的花费是德勤的两倍。这样的公司每年花费近 10 亿美元去做的事情，肯定有很大的回报。

究竟是怎样的回报？

当然，每家公司都不一样，各自有不同的打算，但公司制定目标有三个最常见的原因：其一，让所有人朝着一个方向努力，提升和调节员工绩效；其二，追踪目标的“完成比例”，可以获得有关团队或公司本年度进展的宝贵数据；其三，达成目标，让公司得以在年末评估团队成员的绩效。公司为目标投资，因为目标本身蕴含激励、追踪和评估这三大核心作用，这就是我们为目标花费时间、精力和金钱的原因。

于是问题出现了。

从目标作为提升绩效的激励因素的角度，高层领导者担心员工各自工作的具体方向不一致，把公司向四面八方拉扯，就像没有舵的船漂在波涛汹涌的大海上。有了各层级的各种目标，这方面的担心就得以缓解，领导者就会相信，船上的每个人都在朝着同一个方向划桨。

当然，如果目标并非导向更高层的行动——如果船没有目的地，全员一致也就没有多少价值。目前没有研究表明高层为你制定的目标可以激励你提高效率。恰恰相反，有证据表明，分层级的大量目标对员工绩效起了反作用。目标让船的速度慢了下来。

你有过下雨天在纽约打出租车的经历吗？很难打到。你站在52街和第三大道交会处，对开过来的每一辆出租车疯狂挥手，哪怕只是模糊的黄影，你会发现出租车突然变少了，而且全都被人占了，因此哀叹不已。如果你熟悉经济学，那么你可以淋着雨开始推测，大雨让打车的人数增加（需求），却并未改变出租车司机的数量（供应），所以出现了问题。但其实不是这样的。出租车司机有非正式的每日目标，或者说指标，规定自己一天至少要赚到多少钱，大多数司机的指标都是当天租车费用的两倍。[1] 当天收入一旦达到了租车费的两倍，他们就会立即收工休息，为第二天的辛苦工作做准备。下雨天叫出租车的人更多，出租车司机能够更快地达到目标，因此收工时间更早。

销售额指标也是如此。领导者设置销售指标，是为了提供激励因素，提升销售人员的绩效。然而销售指标实际上并未起这个作用。优秀的销售人员，在年底前好几个月就早早完成了一整年的销售指标，他们就像完成指标之后收工回家的出租车司机一样。也就是说，他们会开始拖延完成交易的时间，将一部分交易“储存”起来，以便下一年有个好开端。这样一来，销售目标其实让顶尖销售人员的绩效水平下降了。销售目标在这里的作用跟纽约出租车司机的每日指标一样，成了绩效上限，而不是提升绩效的催化剂。

能力平平、苦于达不到销售指标的销售人员，情况又如何呢？目标能否像马拉松对前文那位希望锻炼身体的朋友起作用一样，激励他们努力接近销售指标？不一定。实际情况是，销售指标增加了中等水平销售人员的压力。这种压力并不是我们在想要获得重要成绩时自身产生的压力（比如那位要参加马拉松的朋友在星期日早晨强迫自己早起跑步的压力），而是公司强加的目标带来的压力，这种强迫会带来恐惧。最糟糕的情况是，员工在恐惧的驱使下不断努力仍无法成功，最终为达到目标而采取不当手段，甚至违法。

美国富国银行（Wells Fargo）为分行制定的交叉销售目标就是这样。富国银行规定，有顾客来开支票账户，个人理财顾问就要向其推销储蓄账户、信用卡、活期存款账户和贷款。但这些目标并未实现更多的交叉销售，不仅如此，还导致产生了超过 350 万个假账户。

并不是说销售额目标没有用。销售目标可以成为很好的预测工具。高层领导者可以利用销售额来评估公司特定时段的收入，向董事会和投资团体汇报，让各方对预期收入有所了解，在此基础上评估成本、投资和现金流。优秀的高管擅长猜测，他们有一种源自深厚经验的直觉，可以大致估计出适中的销售额目标，即销售人员整体表现的“最适线”。一些销售人员会超出这个目标10%，有人会落后于目标10%，于是年末整体销售额会达到目标。

但这种销售目标无法促进销售额增长，只能预测销售成果。制定销售目标是为了预测销售业绩，而非提升业绩。

那么，目标能否让公司得以追踪相关表现呢？几乎不能。许多公司要求员工写下自己的年度目标，用软件追踪其进展。特蕾莎·阿马比尔（Teresa Amabile）和史蒂文·克雷默（Steven Kramer）在《激发内驱力》（*The Progress Principle*）一书中说，人类热爱追踪进展，他们可以从每一份成就中获得快乐。[2]过去几年里，我们看到目标追踪越来越多，没有减少，但尽管如此，追踪并未实现原本的目的，原因很简单：实现目标的进程并不是线性的。

以那位要跑马拉松的朋友为例。假如她在2月底算出自己的训练完成了62%，这是否意味着距离完成目标还有38%？显然不是。她还有100%未完成，因为她还没有进入真正的马拉松赛程。等到她实际开始比赛呢？跑完开头13英里[①]，说明她完成了26英里赛程中的13英里，等同于完成了比赛的50%吗？不是的。跑过马拉松的人都会感觉到，马拉松的前半程相对比较轻松，艰难的

---

① 1英里约为1.61千米。——编者注

是后半程，特别是最后 6 英里。跑完 20 英里后，你才会开始觉得腿发软、意志动摇，这时候你才会知道自己到底有没有足够的体力和精神达成自己的目标。那么这最艰难的最后 6 英里应该占多大比例？ 40%？ 60%？ 90%？要确定一个准确的数字是不可能的，因为马拉松的前 20 英里是一回事，最后格外艰难的 6 英里是另一回事。

因此，我们这位朋友不可能说自己完成了训练的 62%，也不可能说完成了实际比赛的 50%。对她来说，只有完成目标和没有完成目标两种状态。现实世界中的所有目标都是如此。你做到了，或者没有做到——目标达成状况只有这两种。你可能希望在过程中设置一些阶段性目标，将它们逐一标记为完成（或未完成），但无法根据这些小目标的完成情况算出大目标的“完成比例”。如果你尝试这样做，或者公司要求你这样做，那你只会得到描述自己进展状况的精确但不真实的数据。

最后，目标能否被用于评价员工？能否根据一个人完成的目标数量来评价这个人？很多公司的确是这样做的，但这里有一个问题：除非将每位员工的目标难度统一，否则无法客观评价每个人的相对表现。

举例来说，我们评估维多利亚和阿尔伯特两位员工，两人都要达成 5 个目标。到了年末，维多利亚达成了 3 个目标，阿尔伯特则达成了全部 5 个目标。这是否说明阿尔伯特表现较好？不一定。也许维多利亚的目标之一是治理一个国家，而阿尔伯特的目标之一是沏杯茶。要想用目标达成状况来评估维多利亚和阿尔伯特，我们必须计算出每个目标的难度，这就要求管理者以完全统一的标准评估每个目标的延展性，而且所有管理者使用的评估方式必须完全相同。[①] 这种程度的校准是不可能实现的，所以我们也做不到。对不起了，阿尔伯特。

· · ·

即便如此，对许多设法保证公司内部工作高效一致进行的领导者而言，目标，特别是自上而下层层推进的目标，依然具有一种直接的吸引力。而一线员工对目标的感受是难以理解、机械、虚假，甚至苛刻。这是为什么？

现实就是如此。首先，很奇怪的一点是，你在坐下来制定目标时，已经想好了要做什么工作。这毕竟不是你第一天上班，无所适从，不知道该做什么。这时候制定目标就是让你写出自己早就知道要做的工作。你写下的工作目标并不在前方，不像跑马拉松这样的目标一样催你前进，而是就在你身边，被你自己对既有工作的既有认知束缚着。

战略、运营、创新、人才……这样的目标分类很奇怪，因为工作并没有分类。你做时间规划的时候不会想着“周二我要做点儿运营，希望周三下午能抽出时间做点儿创新”。工作一般是项目，有完成期限和应交付的成果，因此，如果有人要求你把工作分解为各种类别的目标，你只会随便糊弄一下，把自己的工作强行塞进几个类别，并且希望没人会在意，大部分员工都是这样做的。

希望自己做的工作与团队领导者想让你做的工作一致，这一

① 这个条件更准确的名称叫作“评定者信度”，看似吹毛求疵，但又非常重要。后文会详细解释360度测评没有效果、绩效评估难以实现的部分原因。

点无可厚非，但把领导者目标中的一部分设置为自己的目标，或根据领导者的目标修改自己的目标，是非常奇怪的做法。团队领导者知道你在做什么工作，因为现实世界里你会不断地向领导者汇报工作。假如你在折纸，而领导者希望你去叠被子，那么他会直接告诉你。几天后情况有所变化，领导者需要你去吹制玻璃器皿，那他也会告诉你。即便他没有告诉你，而你还在无谓的地方浪费时间，他也会设法告诉你转变工作重点，而绝对不会去悄悄把你写过的目标改掉，希望你自己注意到。再说一遍，自上而下的目标是落在实际工作后面的，不在前方。现实世界中，制定目标更具记录性，而非创造性。

事实正是如此。制定好的目标不会在前方指引你前进。想用目标指导工作，是你想错了。

年末要做目标自我评估的时候又会如何呢？上司以为你会诚恳地回顾过去的一年，而你可能在绞尽脑汁思考如何措辞比较体面，说自己完成了所有目标——这样做可能会让你显得很傲慢，或者在骗人。假如你承认自己没能完成一部分计划，上司或其他高层可能会以此为由扣除你的奖金。换句话说，关于目标的自我评估并不是评估自己的工作，而是自我推销和政治定位，要谨慎衡量坦白多少、如何措辞。

这并不是在批评你。谨慎调整自我评估，寻求利益最大化，在异常情况下是一种实用的应对方式。公司要求你对照自己很早以前写下的一连串抽象目标进行自我评估，而这些目标在制定两周后就已经与现实脱节。这件事情没有意义，你还要假装它很有意义。这已经够奇怪的了。

你所在团队的领导者更倒霉。一年将尽，他必须坐下来处理一大堆团队成员的目标，针对你几个月前写下的目标，给出一两句简短的评价，描述你的表现。这时候领导者心里在想什么？肯定不是你的表现，也不是对你的评价，而是如何迅速处理完这一大堆工作，把“目标评估”这一项从待办事项列表上划掉。领导者跟你一样，觉得这件事纯属浪费时间。不久前你想了想自己大概要做的一些事情，从里面随便挑出几件硬塞进几个分类，希望能蒙混过关，努力写得让人印象深刻，现在又加上了精心修饰过的自我评估——领导者面对的就是这种东西。他知道工作现状早已改变，已经跟当初写下的目标没有什么关系，而且自己在这一年里与你沟通实际工作的时候已经表扬过你了。对领导者而言，这是最糟糕的“伪装成管理工作的文书工作”，所以他给出的评价和希望一年比一年简短，这样就不会有人抱怨了。

现实世界里有工作，也就是你必须处理的事情。理论世界里只有目标。

工作关注前方。目标关注的却是后方，是你的后视镜。

工作详细具体。目标很抽象。

工作变化很快。目标变化很慢，甚至根本没有变化。

工作让你感到有决定权。目标让你觉得自己只是机器里的一个齿轮。

工作让你觉得被信任。目标让你感到被怀疑。

工作是工作，而目标不是。

这种现状其实可以改变。目标也可以起正面作用。

· · ·

再看看我们那位要参加马拉松的朋友，她进行了一些自己认为有价值的活动（训练），将其转化为具体成绩（马拉松）。她实现了目标。这就是目标的实际作用：帮助你意识到自己的价值。要将自己内部具备的能力展现出来，让自己和他人清楚地看到，并从中获益，目标是最好的方法。目标决定了你希望在世界上留下的痕迹。

反过来，这意味着评判目标的唯一标准就是，为实现目标而努力的人必须是自愿为自己制定目标的。目标必须表达你自己重视的价值，它唯有如此才能产生作用。目标不必“聪明”，也不必“大胆宏伟”，不用包含 KPI，也不用根据 OKR 制定。要让目标发挥作用，帮助你做出更多贡献，唯一的标准就是，你必须完全自愿，为自己制定目标。领导强加给你的目标都无法发挥目标应有的作用。

这并不是说我们不应当在组织内制定自上而下的目标。合适的目标往往是表达一个人最重视的价值，进而让公司全体员工团结起来的唯一方式，因此我们应当尽全力让公司里每个人都理解什么是最重要的。因此与谎言相对的真相是：好公司不会自上而下布置目标，而会贯彻意义。

· · ·

让我们认识到这一点的，首先是对优秀团队的研究。有了第 1 章给出的 8 条陈述作为衡量工具，你可以进行因子分析。因子分析可以让你确切地了解这些问题究竟要衡量多少不同类型的事物——太多了。我们研究各家公司中的团队多年，在 8 条陈述里只找到一个因子——全部 8 条陈述向我们阐明的一个因子，即“参与”。

但我们在思科开展研究时遇到了意想不到的状况。首先，8 条陈述里有两条和其他 6 条的部分分析结果不同。我们不确定这意味着什么，因为其他地方没有出现这种现象。但不久后我们开始做因子分析，突然发现了第二个因子。

组成第二个因子的是以下两个问题：

（1）我对自己所在公司的使命满怀热忱。

（7）我对公司的未来发展十分有信心。

于是我们将这两条视为“公司”因子，其余 6 条则是“团队”因子，两个因子加起来是“参与”。

解释一下，对使命的热忱和对未来的信心这类“公司”因素，在好团队与坏团队中也有差异，而且会影响团队表现。但同时这类因素不像其他 6 条（安全和信任、杰出感、有挑战性的工作等）一样明显源自团队内部，它们源自团队外部，随后可能在团队内部被放大。换言之，自行其是的团队可以满足自身多种需求，但显然无法凭空创造更宏大的使命感和对未来的信心。因此，我们既要让团队及其成员了解世界上正在发生的事，又需要让他们了解我们正在攀登怎样的山峰。不要自上而下布置目标，不要下达行动指南，我们应当灌输意义和价值。

优秀的领导者知道，员工很聪明，不需要通过经年累月的目标制定来强行团结。这些领导者努力让员工感受到工作的价值和意义，理解真正重要的使命、贡献和方法。这些领导者知道，在充满意义的团队里，每个人都足够聪明，有足够的动力，自愿制定能够凸显意义的目标。共同的目标成就团结，团结是自行产生的，无法强制产生。自上而下地布置目标是一种控制，而灌输意义则是引导释放。意义能够为工作环境注入活力，但不施加控制，将选择、决策、重点及目标制定等权力留给团队成员。他们既了解现实世界，又有能力采取相应行动，这些权力原本就属于团队成员。

普遍存在的一种设想是，我们需要目标，因为我们工作上的缺陷在于缺乏团结性。我们错了。我们的问题在于意义不足，对工作价值的认知不够清晰详尽，缺乏在考虑工作方式时应当看重的价值。我们的员工不需要被告知怎么做，而是需要知道为什么。

. . .

来看几个真实案例，比如 Facebook（脸书）的马克·扎克伯格和雪莉·桑德伯格，还有福来鸡快餐厅的楚埃·凯西（Truett Cathy）。这些人在年龄、宗教信仰、所在地区和公司产品等方面都有差异，但都表现了对自上而下灌输意义的重视。最近 Facebook 和福来鸡快餐厅都出了问题，Facebook 对用户数据使用不当，而福来鸡快餐厅在同性恋权益方面立场欠妥。你也许会问，为什么选择这两家公司的领导者举例，答案是，因为人都是不完美的。我们从真实的人身上学习，就等同于从不完美的人身上学习。我们要自行辨别这些人以及他们所在的公司有什么值得应用的、有价值的东西。

十年前，扎克伯格发文明确阐述公司使命，他在文中写道，Facebook 的目标是让世界连接更紧密。我们撰写这一章时，他又添加了一些自己认为有重要意义的文字：

> ……我们正在大幅度修改 Facebook 的构建方式。我为产品团队制定的目标，原来的重点是帮助你找到相关内容，现在修改为重点帮助你获取更多有意义的社交互动。[3]

你可能看不出其中的区别，但他很清楚，因此在当年的半年例会上，他要向世界、向全体员工公布另一项细微的改变。这就是扎克伯格的作风。他非常重视自己的价值观，所以每次有了新想法，他都会不断打磨、修改、学习、再修改，然后十分慎重地公布修改过的地方。

一些人可能觉得，产品重点上的细微修改及相关声明纯属装腔作势，只能说明公司沉迷于细微差异。但对扎克伯格和桑德伯格而言，要不懈地努力向团队灌输公司的重要价值，这也是其中一部分。这种举措中隐含的信息是，如果你不重视公司重视的价值，那么你可能不适合这个团队。而信息的反复迭代和“改进”，本身正是信息的一部分，因为扎克伯格和桑德伯格的作用不只是帮助人们彼此连接得更紧密，而且是把这件事情当作一项正在进行的工作。他们两个都表达得很清楚，他们不必知道所有的答案，桑德伯格是在自己的著作《向前一步》（*Lean In*）中表达的这一观点，扎克伯格则是通过许多博客文章和国会证词。他们知道自己希望在 Facebook 创造什么，也知道有时候自己并不清楚该如何实现，这一点你也一样，我们每个人都是这样。他们告诉我们，他们两人和 Facebook 的所有人都在一边前进一边努力探索，不断实验。

在 Facebook，你如果周四入职，周五就要参加入职培训，周末写代码、改代码，下周一你写的代码就可能上线。这里的工作节奏很快。Facebook 总部地址是黑客路 1 号，更强化了这种气质。如果你没注意到这个地址的象征意义，那你可以看看，Facebook 的主广场还挂着从佛罗里达某个商场买来的巨大的“黑客公司”标牌。

标志和地址等这些元素，与我们在第 1 章提到的文化“羽毛”不同。“羽毛”引诱你加入，这类元素帮助员工理解自己工作的方向——为了什么而工作，其意义是什么。Facebook 整个公司似乎都体现着扎克伯格和桑德伯格的观点，公司的许多建筑都有着出自建筑师弗兰克 · 盖里（Frank Gehry）之手的优美流线型外观，节能环保，而内部却处处显示着“临时”。整个公司好像昨天刚刚搬进来，明天就要搬走——水泥地，空调管道露在外面，一堆键盘被丢在墙角，墙上贴着自制海报。

两年前我们拜访 Facebook，看到会议室都是玻璃门，上面印着 logo（标识）。这个 logo 出现在一大片区域的每扇门上，如果是 Facebook 的 logo，那也不奇怪，毕竟这里是 Facebook 的办公室，Facebook 的员工在这里编写 Facebook 的程序。但这里贴的是软件公司 Sun Microsystems 的 logo。

“这个 logo 是怎么回事？”我们问 Facebook 的设施负责人。

“那个啊，”他回答，“因为这里以前是 Sun Microsystems 的办公室。”

“你们买得起新门吧，”我们说，“为什么不印上 Facebook 的 logo？”

"买得起，"他说，"但马克和雪莉决定保留门上的 logo，提醒每个人，必须迅速决定、迅速行动、寻找更好的解决方案，否则就会像 Sun Microsystems 一样，重蹈覆辙。"

看看办公室的墙，你会发现 Facebook 的另一个怪现象：海报。打印出来的实体海报，在会议室墙上、前台接待处旁贴得满满当当。每一张海报都展示着某位员工关注的内容、兴趣爱好和各种活动——水下滑板、Time's Up（是时候停止了）运动、黑人人权运动、本地挑圆片游戏等。海报这种带有旧经济气息的东西为何会在 Facebook 这样的高科技数字媒体公司大量出现？这也是 Facebook 公开声明的使命的一部分。Facebook 主张增强和推进人与人之间的现实联系。想让人们相互联系，就必须关注人们都关注什么，设法让他们将这份热爱表达出来，并予以赞美。古时候人们在岩洞上绘画，现在我们贴出海报，以这种方式了解彼此。

扎克伯格和桑德伯格通过这一系列经过深思熟虑的行动，将自己重视的意义灌输给了团队。我们可以质疑成果，或者认为 Facebook 的速度和联系在安全和准确方面令人担忧，但 Facebook 强调速度和联系的方式依然值得我们学习。

扎克伯格和桑德伯格告诉员工，如果你热爱人与人之间真实的联系，那么你将能在 Facebook 找到意义。

如果你喜欢"未来尚未完成"这个想法，那么你将能在 Facebook 找到意义。

如果你热衷于速度甚于美观，那么你将能在 Facebook 找到意义。

但如果你喜欢美观——反复推敲、精确、完美，那么 Facebook 不适合你。如果你理想中的环境是事物只有未开始和已完成，没有中间状态，那你就不要来这里工作，去旁边的苹果公司吧。苹果公司的办公室看起来一点儿都不像昨天才刚搬来、明天就要搬走。那里像外星人的飞船，呈现完美的圆形，完成度非常高。飞船降落在库比蒂诺市区，只欢迎被它完美的封闭系统吸引的人进入。如果你觉得那样的气质有吸引力，能在那里找到意义，那就去苹果工作吧。Facebook 会让你失望的。

· · ·

来福鸡是世界上盈利能力最强、发展最快的快餐连锁公司，这个事实也许令人惊讶。Facebook 的发展无疑离不开网络效应的力量；谷歌的成功与其搜索算法的垄断有关；亚马逊保持领先，依靠的是先发优势和轻视利润。来福鸡是凭借什么？来福鸡卖的鸡肉三明治、炸薯格和奶昔，即使非常好吃，也不足以解释这家公司非同寻常且长久的商业成功。

来福鸡成功靠的是创始人楚埃·凯西。他跟 Facebook 的领导者一样，十分重视将自己的价值观准确、慎重地传达给全体员工。

Facebook 的工作似乎从无休止，来福鸡则不同——星期日不营业。多营业一天能够让销量和利润获得巨大增长，为什么不营业？因为凯西是虔诚的基督教教徒，谨遵《圣经》教诲，星期日必须休息。

星期日不营业，也许是凯西向团队灌输价值观的最著名的例子。另一个少为人知的例子是来福鸡的特许经营协议。一般的特许经营协议是为了让资本利用品牌的增值效应，特许授权商提供品牌，特许加盟者提供资本。授权商根据规模和资本稳定程度来挑选加盟商，加盟商根据影响力和吸引力评估授权商。授权商的目标是确保有大量资本，加盟商的目标是尽可能地确保门店数量够多。举例来说，麦当劳最大的加盟商 Arcos Dorados 公司拥有 2 000 多家门店，营业额超过 45 亿美元。

来福鸡的特许经营协议不是这样的。来福鸡加盟商无论拥有多少资本，都不可能开设 2 000 多家门店，只能开一家。① 你可以给来福鸡投资，但不管投多少都不能多开店——特许经营协议禁止加盟商开设多家门店，这一点从 20 世纪 50 年代由凯西确立之后就没有改变过。公司成立伊始，凯西就确定了公司使命不只是卖鸡肉，更重要的是在地方社区培养领导者。一些人可能会嗤之以鼻，但凯西坚持这一使命，并据此制定了特许经营协议。他认为，要培养当地社区领导者，就必须保证每一位加盟者有充分的理由留在本地社区。最好的方法就是让这些领导者待在自己的店里，而要确保这一点，最好的方法就是只允许每个人开一家店。他认为，一个人只有一家店，就会一直在这家店里，接近顾客和团队成员，了解每个人关心的事物——本地社区群众对什么感兴趣、对什么感到忧虑。假以时日，你会回应这些需求，采取行动，于是你就会成为社区领导者。

在这一单纯愿景的指引下，凯西制定了特殊的特许经营协议，选择谁作为加盟者（公司内称之为运营者）不是根据资本规模，而是根据候选人对自己所在社区的投入程度决定的。你可能会觉得，这个故事不错（就是我们经常听到的那种关于创业理念的故

---

① 如果第一家门店开在商场里，来福鸡会例外允许加盟商再开一家独立的店，但 95% 的加盟商都只有一家店。

事），可当今这个时代根本不可能发生这样的事。我们要告诉你，直到现在，成为一名运营者不必拥有任何资本，但获选成为来福鸡的未来社区领导者比上哈佛还难。

多年来，来福鸡很可能吓退了几十亿美元的潜在投资，可是，没有得到这些可以用于发展品牌的资本，公司却获得了几万名乐于接受凯西理念的人才。这些社区领导者是组织内的英雄。公司每年召集他们参加名为“研讨会”的活动，活动的一个高光环节是展示一系列高质量照片、故事，并表彰、赞美每一位运营者在自己所在社区做出的独特贡献。每次研讨会上，表现优秀的运营者会逐一登台，展示自己的故事。

· · ·

马克·扎克伯格、雪莉·桑德伯格和楚埃·凯西，他们并不完美，我们也不会认为这些人会自称完美。但如果想让团队成员或整个公司的员工团结一致，你可以学习他们有条不紊、坚持不懈、准确而广泛地灌输意义的方式。

具体来讲，他们运用了三种方法。

第一，表现价值：写在墙上的标语。不是让你真的把价值观写出来。许多管理者和许多公司着手开展这一项活动，结果写出了一串毫无特色的价值，比如正直、创新、团队合作（这种东西跟商场播放的背景音乐一样没有意义），还很疑惑为什么没起多少作用。要运用创意，将想要传达给员工的意义具象化。不要告诉他们你重视的价值，要展示给他们。你希望他们看到并体现在工作中的究竟是什么？ Facebook 大楼里保留的 Sun Microsystems 的

logo、对海报的推崇，以及“黑客公司”标牌，都是生动的例子。

你表现的价值是什么？你在墙上写了什么？你的员工走进公司会看到什么？他们拐个弯又会看到什么？这些东西向他们展示了你的何种价值？

第二种灌输意义的方法是仪式。Facebook有著名的两个月一次的“黑客马拉松”，来福鸡周日不工作。沃尔玛和山姆会员店创始人萨姆·沃尔顿（Sam Walton）每周五都要进行一个仪式，直到身体状况不允许为止：他会挑一家店，移动某个端头货架上陈列的商品，周六再回来看哪些东西卖掉了。这是他自己快速获取市场情报的方式，这个举动传达给员工的是，他坚信没有人比顾客自己更了解顾客，老板也不行。

无论是有意还是无意，你已经有了仪式。这类仪式就是你反复做的事情，向员工传达你认为有意义的事物。我们只要跟随你一周，就能找到这种仪式。比如说，你要去开会，你会什么时候到场，是早到5分钟还是晚到5分钟？你会穿什么衣服？你会先问问团队成员的个人生活，还是会直接进入主题？第一个发言的是谁？你会允许团队成员畅所欲言，还是会打断他们？会议时间长吗？你是否会为了结束会议而阻止员工发言？

这些都是你的仪式，团队成员都能看到、解读并得出结论——你是否希望他们做某件事。问题不在于你有没有仪式，而在于你有没有仔细考虑过自己的仪式会传达什么信息。

仪式能够生动地表达领导者重视的意义。我们来看Facebook和史蒂夫·乔布斯的两个例子。每周临近周末，扎克伯格或桑德伯格会到Facebook最大的食堂召开全体会议，员工可以自由提问，两位高层领导者会尽力回答所有问题。这个会议的主要目的不在于回答实质内容，而是强调 Facebook 重视透明开放，为此可以让高管们每周腾出一大段时间为员工解答问题。

与之相反，乔布斯重视美观远甚于开放，因此乔布斯每三个月举行一次的全体会议跟 Facebook 截然不同，被全世界当作产品发布会。每次“发布会”上，乔布斯会详细介绍每件产品的设计美学，或者硬件、软件复杂精密的生态系统，或内容、代码的巧妙整合。我们这些消费者只会对着新产品惊呼，而真正的听众——苹果员工则在认真观看、做笔记。他们能看出领导者崇尚美学和创造精美之物的乐趣，而且自己也倾向于这种价值观。

否则他们会转投 Facebook。无论如何，产品发布会都达到了其真正的目的：向苹果团队灌输乔布斯重视的意义。

第三种方法是讲故事。来福鸡在研讨会上展示运营者资料，充分发挥了讲故事的力量。公司花时间去每一位运营者的店铺拍照，了解其家庭及所在社区，由此才能将运营者的故事分享给公司其他人。

许多优秀的领导者都擅长讲故事，不是说他们很会写小说和剧本之类的，而是他们擅长在会议、邮件和电话里利用小故事向员工灌输意义。他们总是在讲这种小故事，因为他们选择的故事可以传达自己重视的东西。故事能够向人们呈现世界的意义。因此各种宗教都要讲创世故事，故事里包含隐喻，帮助我们了解其寓意。你可以通过团队成员自己讲述的故事了解这个团队最看重什么。

举个范围大一点儿的例子，假如你稍微注意一下英国，你就会得知英国人热衷于谈论三场战役：克里米亚战争中的轻骑兵冲锋、第二次世界大战中的不列颠空战和敦刻尔克大撤退。当然，一个国家的人反复讲述很久以前的战争故事没什么可奇怪的，但奇怪的是英国在这三场战役中并未取得胜利。轻骑兵冲锋极其惨烈，不列颠空战和敦刻尔克大撤退更多是为了避免失败而非争取胜利。那么，英国人为什么反复谈论这几场战役呢？

因为这些故事表现了英国人认为有意义的品质：决不放弃，决不妥协。英国人重视决心和勇气甚于胜利，所以他们反复讲述勇往直前撞南墙的故事。① 人们以这种方式建立了共同的意义。

每时每刻，在每一场对话和会议中，你都在有意无意地讲故事。你在讲怎样的故事，这些故事会如何表达你重视的意义？

· · ·

身为领导者，你要努力激发员工的决断力、选择、洞见和创意。但我们在前两章中看到，目前我们采用的方式效果并不好。我们将信息封锁在计划系统里，制定目标，灌输指令。这种做法作用不大。我们应当采用情报系统，开放信息，运用具体展现的价值、仪式和故事向员工灌输意义。我们应该让员工了解世界上正在发生的事，让他们知道团队正在努力攀登怎样的高峰，给予他们信任，让他们自行发现该如何为组织做出贡献。比起计划和自上而下灌输的目标，员工自己的决策更贴合实际，效果更好。

对伊桑·弗洛凯（Ethan Floquet）来说，或者更准确地讲，对

① 还有一个这样的故事：英国最著名的探险家不是在探索南极洲时船搁浅、之后成功救了整个团队的欧内斯特·沙克尔顿，也不是第一个发现澳大利亚的欧洲人詹姆斯·库克，而是罗伯特·斯科特，他在去往南极点的竞争中输给了罗阿尔德·阿蒙森，成为第二个到达南极点的人，在回程的路上死于低温和饥饿，坚持到了最后一刻。他是英国人最尊崇的探险家。

他的母亲而言，目标变成了负担，每过一年都变得更为沉重。[4] 伊桑有自闭症，自孩提时代起，他的母亲每年都被要求写一份个人教育方案（individualized education plan，缩写为 IEP），制定这一年中自己和丈夫在伊桑的教育上要达到的目标，也就是对儿子的期望，协助和指导儿子的教师和治疗师。然而，时间慢慢过去，他们的目标逐渐降低。很明显，伊桑永远不可能独立生活，无法独立工作，也不能结婚。他的目标越来越低，每年讨论他发展的会议气氛越来越低沉，IEP 越来越短。最后 IEP 变成了一句话，当时伊桑在开展一个似乎有希望的农场项目，于是这一年的 IEP 是“我们希望伊桑今年能坚持完成这个项目”，而后一年 IEP 就完全消失了。伊桑的母亲太忙了，而且要从头回顾伊桑 18 年来所有的缺陷，这个任务也太令人痛苦了。

可是这一年，伊桑瞒着母亲写下了自己的目标。当然，他没有在意母亲灌输的目标，而是关注其他方面。他写下的全文是：

> 高中毕业后，我打算去“展望草原”农场工作，一直到退休，尽量跟家人住在一起。我想继续在伯克希尔山音乐学院上课。业余时间，我想打特奥会篮球，去佛蒙特州的小屋和新泽西州的海边，修剪草坪，结识商务人士。我将来的目标是坐 PVTA 巴士去镇上买东西，有一天能学会驾驶零转向割草机。

他人设置的目标会禁锢我们。伊桑自己制定的目标，让他获得了自由。

4

优秀人才都有专长

最好的人才不是全才，而是专才。

我们来看看利昂内尔·梅西运球。打开视频网站，输入“梅西运球”，能搜出几百个视频，随便打开一个就行。你会看到，这个小个子男人脚上仿佛有魔法，跑起来像是视频开了二倍速，突破一重又一重防守，带球到禁区、起脚射门。如果你是足球迷，那你肯定已经看过他的精彩表现无数次；如果不是，那这个人值得你花点儿时间看看。每一个对杰出表现感兴趣的人，研究运动员超乎寻常的能力，都会有所收获。你可以思考他们为何能发挥出这样的能力，可以分析他们的技术和步法，也可以单纯地欣赏他们的精彩表现，想象自己有朝一日也能体验那样的超凡感受。

梅西出生在阿根廷港口城市罗萨里奥，从小就跑得很快。他的母亲录下了他参加的第一场足球赛，视频中可以看到他超过了一个又一个对手，仿佛那个大大的球牵着他往前跑。这位小天才年仅 13 岁就收到了大西洋彼岸巴塞罗那足球俱乐部的邀请，离家前往巴塞罗那具有传奇色彩的青年足球训练营“拉玛西亚”（La Masia）——这个词的意思是“农场”。训练营的人让他服用生长激素，等待他的身高赶上他的才能，然而他小小的身体拒绝成长，一直没有长高，只有 170 厘米，瘦得像个在布宜诺斯艾利斯贫民窟街上玩球的孩子。但这无关紧要，他的才能出类拔萃，球就像是用磁铁吸在了他的脚上，不管他如何改变速度和方向都不会脱离，身高体格根本无关紧要。到了 17 岁，他进入巴塞罗那队，成为主力球员，证明了自己是世界上最优秀的足球选手。甚至有许多人认为，他是有史以来最优秀的足球选手。现在快抓紧时间好好看看他，因为以后可能再也不会有像他这么杰出的足球选手了。

他的视频随便哪个都很精彩，但最能说明梅西天赋的是 2015 年西班牙国王杯决赛巴塞罗那队对阵毕尔巴鄂竞技队。[1] 这段录像不只展示了他在几秒内一系列速度惊人的精彩动作（尤其是临门一脚），还展现了他的一些特点。这种特点一度令他显得很奇怪，但却是他出众才能的基础。

视频中，梅西在中场线上接到传球，静静地站了一会儿。对方其他球员变换位置进行防御。随后，梅西好像突然想出了一个主意，迅速用假动作绕开距离自己最近的对方球员，移动到边线。对方其他三名球员包围了他，想把他逼到角落，远离球门。他停了一秒，沉下右肩向左侧加速，带球摆脱了一个人，随后突然甩开这三人，一路冲到禁区。另两位毕尔巴鄂竞技队球员冲过来阻拦他，但都被他迅速甩掉。他迅速向前跑，球滚到他左侧，正好是适合射门的位置。他起脚射门得分，巴塞罗那队队员以足球运动员特有的方式为他庆祝，他走回中场线，连毕尔巴鄂竞技队球迷都为他鼓掌。太精彩了。

反复看这段视频，可以找到许多令人赞叹的地方：奔跑的爆发力，对障碍和射门角度的直觉，从近门柱侧射门的反直觉判断。但最值得一提的是，他从中场带球突破对方 7 名球员的防守，冲到禁区，全程基本上只用了一只脚踢球。观察一下他开始带球前进一直到射门的全过程，你会发现，他踢了 19 次球，只有两次是用右脚，其他都是用左脚。

点开梅西的其他精彩视频，你会发现他一直是这样运球的。他左脚更强，右脚比较弱，左右脚踢球次数的比例是稳定的 10 : 1。参考一下，惯用右脚的克里斯蒂亚诺·罗纳尔多，右脚和左脚踢球次数的比例大约是 4.5 ∶ 1。换句话说，梅西不只是惯用左脚，而且是几乎只用左脚——传球、运球、射门，无一例外。

梅西的这个特点非常极端，对手球队的所有人都清楚这一点，却仍然防不住他的进攻。梅西天生擅长用左脚，并将这一点发挥到了极致，具备惊人的速度和精确度。这个特点没有使他产生局限，反而成为他稳定不变的巨大优势。

看看他的表现，我们能感觉到，这样的优势并不是他靠理性计算得出的。他当然练习过几万个小时，但他在运球、转向、过人、跑向球门的整个过程中展现的不是勤奋和纪律，而是乐趣：动作里纯粹、无意识、无可抑制的乐趣。看这个人带球前进，就能看到他最纯粹、最本质的一面。这种本质让我们也感受到快乐，就像看到一个人挥洒才能，自带光环。我们就像当时在现场的对手球队的球迷一样，惊讶地看着这个身材矮小的男人，情不自禁地为他鼓掌、露出笑容。

· · ·

梅西展现自己的场景是在世界顶级赛场，而你在职场中或许也有过类似的为同事感到激动的经历。同事准备了精彩的展示，讲得十分清晰而又妙趣横生，你会露出笑容；同事以恰到好处的共情和实践经验，成功地安抚了一个暴躁的客户，你惊叹于他的游刃有余；同事化解了复杂的局面，你觉得不可思议，不知道他是怎么做到的。我们看到其他人发挥才能，就会感到快乐。一件事情圆满完成，那种自然、流畅和本真的感觉会让我们产生共鸣，吸引我们。

换成你能够发挥自己强项的领域，你也能体会到跟梅西一样的快乐。这种乐趣并非源于你有多么擅长做某件事，而是与你对这项活动的感受有关。“强项”的准确定义，并不是“擅长做的事情”。你可以凭借才智、责任感和严格的训练获取很多技能，很擅长处理某些事，但也会感到烦闷无聊、精疲力竭。“你擅长做的事”不算是强项，只是能力。很多事情无法带给你任何乐趣，但你可能完全具备处理这些事情的能力（不过无法长期持续）。

强项是“让你感到自己很强大的活动”。这类活动让你具备某些可以确定的属性，你在开始去做之前就会感到自己想要主动去做。做这些事的时候，时间似乎过得很快。做完之后你可能很累，没力气重复，但会觉得充实而骄傲。让某项活动成为强项的是三种感受：活动开始前想要积极参与的欲望、进行时的心流，以及完成后的满足感。这三种感受促使你一再进行这项活动，不断练习，为有机会再参加一次而感到幸福不已。对强项的欲求比对能力的欲求强烈得多，这种欲求促使你反复练习，最终将进行该活动发展成优秀的技能。

当然，可能你对一些活动的欲求非常强烈，能力却很有限。根据某位历史学家的说法，弗洛伦斯·福斯特·詹金斯（Florence Foster Jenkins）是“世界上最差劲的歌剧演唱者，从来没有人跑调跑成她那样”。[2] 音乐家科尔·波特（Cole Porter）听她演唱，不得不用手杖猛敲自己的腿，以免爆笑出声。但她热爱歌唱，甚至登上了卡内基音乐厅的舞台。

可是，仔细看看詹金斯女士，或者随便哪个在自己热爱的领域表现糟糕的人，你会发现，这些人喜欢的往往不是活动本身，而是这项活动的“附加品”。詹金斯女士热衷的多半是站在舞台上获得的关注。她从小弹钢琴，曾在白宫演出，后来受伤无法再弹琴，于是想找其他方法登台。平庸的表现里某个短暂的高光瞬间会令人沉迷，吸引人们不断追求那一瞬间的精彩，从而不断重复这项活动。如果你曾经在高尔夫球场上打出完美一球，之后花了几年试图重现那一瞬间，你就会明白我们的意思。总而言之，就本性而言，人类似乎无法深深爱上一项自己完全不擅长的活动。

相反，我们会被让自己感受到乐趣的活动吸引。有时我们可能无法解释原因，但一些活动似乎能够让我们充满活力，让我们出离自我，展现更好、更有韧性、更有创意的品质。当然，我们每个人都是不一样的，会在不同的活动中感受到乐趣，但我们每个人都知道那种感觉。如果工作能够带来这种令人快乐的成分，如果我们感到热爱自己所做的事情，就会产生惊人的效果。史提夫·汪达很了解如何培养强项并向世界贡献这份力量，他说得很好："你如果无法在自己的工作中获得乐趣，就永远不会为之自豪。最好的工作是让你快乐的工作。"[3]

这就是作曲和歌唱带给史提夫·汪达的东西——令他感到快乐。利昂内尔·梅西也是这样。他甩掉对方球员，从不可思议的角度射门得分——他感到快乐。我们看到真正擅长做自己的工作的人，就会看到他们对自己所做之事的热爱。你所在的公司也希望你能这样热爱自己的工作。领导者说希望你发挥创意创新、与同事团结协作、有韧性、有效率、跟随直觉，意思其实是"希望你在工作时间进行的活动和任务能够带给你快乐"。

奇怪的是，这组结论在企业界常常被忽视，令人惋惜。也许因为商业象征着严格、客观和竞争优势，与之相比，在工作中寻求乐趣进而实现卓越的观点不太站得住脚。尽一切努力弥补缺陷，似乎是企业界的必要之事，而寻找乐趣是诗人做的事。

数据不会说谎。高绩效团队的8条特征里，有一条经过许多国家、各个行业的多项研究验证，可以有效预测团队效率——团队成员感到“我在工作中的每一天都有机会发挥自己的强项”。无论在哪里，无论团队从事何种工作，只要团队成员在每天的工作中感受到乐趣，团队就能发挥最高效率。如果认为“每一天”这个频率太高，去掉这个条件，只问员工是否有机会感受到自己的强项和工作“匹配”，那么即使团队成员都表示肯定，团队绩效也并不会出挑。“每一天”都感受到能够在工作中发挥强项，是高绩效的关键。在绩效最高的团队，领导者不仅能发掘每位成员的强项，还能对职责进行相应的调整，让每个人都感到自己每天都能在工作中发挥强项。如果团队领导者能做到这一点，那么认同、使命感和期望透明化等其他因素就都能更好地发挥作用。但如果做不到，那么升职、加薪等各种激励措施都无法弥补这方面的缺失。

工作与员工强项的持续匹配，是高绩效团队的主操纵杆：把握住它，一切都会有提升；把握不住，那就什么都没了。

这没什么可惊讶的。我们都看到过像梅西这样的人挥洒才能，而且看到这种场景会让我们自己也受到鼓舞。我们都看到过表现优秀的同事，会为他们的成功感到高兴。我们都体验过某项活动带来的快乐，以及知道自己发挥出自己独有的强项能够做出何种贡献时的骄傲。相关数据也不令人意外——最好的团队是根据成员强项与职责的最佳匹配建立的，这是理所当然的事。对我们每一个有过一定人生经验的人来说，这根本不是（至少不应该是）什么惊天动地的重大发现。

相比之下，更让人吃惊（或者令人失望）的是，公司并不会帮助我们发掘和发挥自己独特的强项。公司的体系、流程和技术，乃至各种活动、语言和价值观，都显示了相反的诉求：根据标准模板对我们进行评价，促使我们尽可能地向模板靠近。公司推崇的是一个谎言：优秀人才都是全面发展的，没有短板。

· · ·

职业生涯进展到某个阶段，你会碰到所谓的“胜任力模型”。胜任力是指你要做好自己的工作所应当具备的能力，它可能是战略思考能力、目标导向、政治头脑、业务敏感性、客户导向等东西。胜任力背后的理念是，工作中的卓越表现可以被定义为一系列相应的能力。因此，公司高管必须对着长长的胜任力列表（真的有几千条），从里面挑出每个职位上每一位员工都应当具备的能力，这些能力是大家广泛认同的。比如某个广泛应用的模型，定义了 5 类胜任力（核心，领导力 / 管理 / 经营 / 人际，工作职能，工作技能，技术任务的具体要求），每一类里又有一长串具体能力，如“核心”包括 22 项领导能力、18 项管理能力、45 项经营技能和 33 项个人能力，共计 118 项。[4] 初级职位对应的胜任力较少且较为简单，职位越高，相应的能力需求就越多、越复杂。除了确定每个职位对应的胜任力，领导者还要确定对每项能力需求的熟练程度，级别从 1 到 5，然后就可以说，这项工作需要 3 级战略思维和 5 级客户导向。

为组织中一部分或整个组织的每个职位、每个级别规定的胜任相应工作需求的能力及熟练程度，这整个结构叫作胜任力模型。在典型的胜任力模型里，胜任一个职位可能需要具备几十项熟练程度要求不一的能力。

到目前为止，这套胜任力模型似乎无可非议，只是用起来有点儿麻烦：需要一群领导者聚集在一起，定义他们认为的理想员工。我们也许会觉得他们可以用这些时间去做更有意义的事情，但至少建立这种模型没有对任何人造成损害。可是接下来就有问题了。模型建立完成后，每个职位规定的胜任力向员工公开。你的管理者和同事都会对照胜任力标准来评价你，你的整体工作表现会有一大部分根据是否具备相应的胜任力来被衡量。在年度人才评估中，胜任力会被用来描述你的表现和潜力：如果其他人都同意你具备所有的胜任力，那么你就有可能升职或加薪，或者有机会参与回报丰厚的项目；假如你不具备全部能力，或是在某几处有缺陷，你就会被要求接受相关培训，努力向公司证明自己已经弥补了缺陷。胜任力会成为公司用来观察、了解和评价你的镜片。

主要的人力资源管理工具，即公司用来保存员工信息、支付薪酬、分配福利、提供晋升和发展机会、决定人员部署的企业软件系统，全部是根据胜任力模型构建的，基于此模型评价员工。某个平台甚至由机器人接管了为团队成员提供书面反馈的烦琐工作：团队领导者先从团队成员对应的胜任力列表中选定要评估的能力，然后从相应的行为列表中选出能够说明该成员的能力不符合要求、符合要求或超出要求的行为，之后系统会生成对应的反馈句式，领导者点击按钮对这条反馈的积极程度做出调整，最后再点击按钮在反馈表格里加上结束句——全程不必自己打字。机器人给出的文字枯燥无味，比如“芭芭拉认真思考预算申请，回顾整年成本，以做出适当的调整”，这样的反馈只需几次点击便可自动生成，彻底无视（且显然并不关心）芭芭拉实际上做了什么。[5]

不过，我们担忧的并不是这种让人受不了的自动胜任力模型，而是它所体现的理论。如今许多组织内部的工作都以这类理论为基础，就好像在说：我们生活的这个世界由机器、代码和流程组成，如果这些东西无法顺利运行，我们就必须找到是哪个元件、哪行代码或哪个步骤出现了错误，并设法修正，即找到缺陷并进行修复。工作胜任力理论的第一部分将这种思维拓展到了绩效表现。我们在根据各项能力的熟练程度对你做出评价后，就会告诉你，得分最低的项目，也就是“有缺陷”的部分，是你的“待发展区域”，而提升绩效的最佳途径是持续关注这些地方。

理论的第二部分用这个思路推导出结论：我们认为，如果工作绩效的提升源自弥补缺陷，那么绩效出色、工作杰出一定是因为消除了所有的不足，各方面都获得了很高的分数。换言之，杰出等同于全面发展，全面发展的人才更优秀。

这就是潜藏于胜任力大行其道之下的谎言，挥之不去，无处不在。但我们只需要明白两个事实就能看清真相。

其一，胜任力根本不可能衡量。比如“战略思维”，它是一种不断变化的状态，还是一种相对稳定的特征？在心理测量学领域，衡量状态和特征的方式大不相同。

衡量状态时，我们会设计调查问卷询问被试的精神状态，或设计有正确答案的测试题，确定被试是否掌握了必要的知识。一个人的选择倾向是一种状态，可以体现在调查问卷中。我们认为状态可能会改变，于是在第一轮调查中询问被试状态，然后提供新信息，第二轮调查获得的结果就可能有所不同。心情是一种状态。虽然每个人好像都有自己的“开心点”，但我们认为人的心情可能围绕这个点发生改变，因此我们会在第一轮询问被试心情，然后改变场景或条件，第二轮被试的心情就很可能改变。与之相似，技能和知识也是状态。我们在第一轮实验中测试你的某项技能或知识基础，然后提供相关培训，第二轮测试你就会做对更多的题目。

这些都是状态，我们认为状态会随着时间改变。

而特征是一个人固有的属性。例如，外向、同理心、竞争性和组织需求都是特征。我们每个人都有一些特定的倾向，表现为思考、感受和行为上的规律。大量证据表明，我们可以通过学习变得更聪明，更擅长利用和发挥自己具备的特性，但这些特性本身是不会改变的。

特征无法用调查问卷和技能测验来衡量，必须采用经过验证的可靠的性格评估。自我评估（提供一些措辞谨慎的陈述，给出从“强烈赞同”到“强烈不赞同”的选项让被试选择）和情境判断测试（提供一系列场景，列出可能的回应选项，让被试选择自己最有可能做出的回应）是最流行的两类性格评估。[①]

着手评估某种属性之前，必须确定该属性是状态还是特征，这样才能选择合适的评估方式。

那么问题来了。从这个角度看，“战略思维”这样的胜任力属于哪一种呢？是状态，还是特征？如果想对其进行衡量，我们就必须确定这一点，所谓胜任力的全部目的就是衡量某些东西。假设胜任力是一种状态，那我们应该采用询问当前心理状态的调查问卷，或设置了正确和错误答案的实际技能测验。这样一来，我

---

① 如果你熟悉马库斯的研究成果，他的 StrengthsFinder（优势识别器）就属于自我评估，StandOut（天赋测试）是情境判断测试。

们就无法要求你的管理者或同事据此对你进行评价，就像他们不可能准确推测你的选举投票倾向一样，他们无法准确预测你在测验中得到的分数，因此也不可能知道这种抽象的能力你掌握了多少。假设胜任力是一种固有特征，那么就应该用性格评估，而不应该让你去参加培养“战略思维”的培训，因为从“特征”的定义来看，培训大概率没有用。

事实上，战略思维、政治头脑和其他一切胜任力，都是多种状态和特征的随机组合。比方说，我们不知道“目标导向”是与生俱来的，还是后天学习及获取相关信息而获得的能力。我们不知道“客户导向”是你的天赋，还是你学到的技能，或是以不同的方式使用的同一种技能，抑或是别的东西。科学的绩效衡量方法，首先要确定可以衡量的是什么，然后才能讨论衡量对象对绩效的影响。胜任力模型却恰恰相反，先列出一串我们认为对绩效表现很重要的能力，然后再探讨每一条该如何衡量。这时候已经无法分辨状态和特征了，我们只好根据两者混合的抽象概念相互评估，希望能通过某种方式实现改进（很可惜，这样衡量的既不是状态也不是特征）。[①]

而且，因为胜任力无法衡量，“在某个职位上表现杰出的每个人都具备一系列特定的胜任力”这一论断就不可能被证实，也无法被证伪。同样无法证明的说法还有“一个人获得了自己缺乏的胜任力，就能表现得比没有做到这一点的人更好”，即“全面发展的人才更好”。这两条是公司许多人才发展项目的基础，两条都不可证伪——在任何同行评审期刊上都找不到证明获取特定胜任力

① 第 6 章将继续讨论评估他人带来的危害。

之必要性的学术论文，也没有证据能够证明获得自己缺乏的技能可以提升工作绩效。这两条论断意图都是好的，但都毫无依据，我们永远无法知道它们究竟对不对。

· · ·

不过，你可能会说：商业的艺术，不就是根据不完整的数据做出决策吗？商界精英不就是在面对不确定性时承担风险才能赚到钱吗？心理测量学的这一套是不是太牵强了？即使无法通过评估来证明具备一系列胜任力的确能帮助员工提升工作绩效，试一试又有什么错呢？优秀的团队领导者就是应该鼓励每一位员工找到自己的不足，努力弥补，实现全面发展。让每个人都更接近全面发展的理想型人才，团队和个人都会从中受益。所谓的成长就是这个意思——获取我们欠缺的能力。

我们再重申一次，不是这样的。接下来我们就看看第二个真相：针对各种工作中杰出表现的研究证明，杰出就是独特。全面发展的优秀人才只存在于想象之中。现实世界中每一位优秀人才都是独一无二的，他们之所以杰出，是因为他们了解自己的独特之处并能将其充分发挥。

在职业运动竞技领域，这一点最明显。假如要设计足球队优秀前锋的理想模型，我们肯定不会设计出像梅西一样的人才，他个子太矮，不擅长用右脚踢球。我们的理想模型可能更接近罗纳尔多——高大强壮，左右脚和头球都一样出色（在理论设计阶段，我们先忽略罗纳尔多的自负、个人主义和偶尔的坏脾气）。换成网球，我们肯定会在理想模型中加入费德勒的流畅优美，但可能还想加上纳达尔的魁梧身材、德约科维奇的自信和穆雷在球网前的灵活。换句话说，在理论世界里，我们可以随意挑选想要的优秀属性，把它们组合起来。但在现实世界中这显然是不可能的，不管是足球运动员、网球运动员，还是团队领导者。现实世界里，我们要学习用有限的资源发挥最大的作用。所谓成长，并不是设法获取自己缺乏的能力，而是设法让自己已经具备的能力更好地发挥作用。而且，因为我们具备的能力各不相同，所以要想提升工作绩效，你该寻求的不是缩小差异性，而是放大这种差异性；不是统一性，而是唯一性。

我们发现，优秀的音乐表演者也表现出特异性。我们期待歌手阿黛尔（Adele）唱出高亢、感伤的情歌，但假如强行要求洛德（Lorde）、海尔希（Halsey）、布兰妮（Britney Spears）或者青春偶像麦莉（Miley Cyrus）去唱阿黛尔的高音，我们只会像在卡内基音乐厅听詹金斯演唱会的观众一样担心得不得了。我们也许会宣称，每个职位都有最低标准，达不到最低标准的人不管在其他方面多么有才能都不可能成功（这种现象俗称事业脱轨）。即使如此，我们也必须谨慎划定最低标准。假如在音乐家的最低标准里规定“熟悉乐谱”，我们可能会将一些著名音乐家排除在外，比如不识谱的弗兰克·辛纳屈（Frank Sinatra）和艾尔顿·约翰（Elton John）。如果我们规定弹钢琴的人必须“有两只手”，那我们就会排除古典钢琴家保罗·维特根斯坦（Paul Wittgenstein），他在“一战”中失去了右臂，随后受当时的一流作曲家委托为左手创作钢琴协奏曲。如果没有他，就不会有本杰明·布里顿（Benjamin Britten）、保罗·欣德米特（Paul Hindemith）、谢尔盖·普罗科菲耶夫（Sergei Prokofiev）、理查德·施特劳斯（Richard Strauss）、莫里斯·拉威尔

（Maurice Ravel）的许多杰作。

这些例子都很极端，距离现实的职场似乎非常遥远。衡量一下某个普通职位相关的技能和强度，我们会看到什么？是特异性还是全面发展？

· · ·

20 世纪 80 年代早期，唐·克利夫顿（Don Clifton）尝试预测员工表现。他有数学和心理学背景，以定量的方式鉴定求职者具备的素质，具体来说，就是鉴定该求职者在所应聘的职位上能否取得成功。

克利夫顿在人才甄选研究机构 SRI 带领一支研究团队。该公司于 20 世纪 90 年代并购了盖洛普公司，并改名为盖洛普。SRI 的一项早期研究，尝试为某个大型啤酒连锁集团预测酒吧管理者能否成功。长期以来，人们一直认为，好酒吧和差劲的酒吧在很大程度上取决于管理者的某些说不清道不明的特性。克利夫顿和团队像平时一样，根据集团旗下酒吧的经营状况，选定优秀的酒吧和业绩普通的酒吧，分别向这些酒吧的管理者提出问题，例如“管理一个人的最佳方式是什么”“应该在何种距离上监督员工”等。他们向优秀管理者和普通管理者提出这些问题，在答案中寻找差异，剔除没有出现差异的问题，最后留下 108 个问题，从中似乎能找出酒吧管理者业绩优秀的秘诀。现在他们进行了盲测，让几组管理者回答这些问题，他们在盲测之前并不知道这些管理者的实际业绩。他们声称这组问题可以投入应用，有效地选拔出优秀管理者。

这108个问题衡量了多种属性，从酒吧管理者的使命感、凭借直觉的应急计划能力到培养其他员工的能力。研究者很想知道其中有没有哪一个或者哪几个是杰出业绩的真正关键所在。但他们查看优秀管理者的得分，发现了一些微妙而惊人的差异。优秀管理者得分高的项目参差不齐，例如，有的管理者在为酒吧营造特定气氛的相关问题上得分很高，有的管理者则擅长管理库存和预算，其中毫无规律可言。一定要找规律的话，只有一点：预测管理者业绩的唯一方法就是看总分。他们已经找到了管理者优秀的多个维度，并且可以根据每个维度定义优秀。但评估对象具体优秀在哪方面，似乎并没有差别，只要在某方面优秀就好了。

这个现象不只出现在酒吧管理者身上。盖洛普研究过的每一个职位，包括销售人员、教师、医生、清洁工，都表现了这种规律：优秀的人并不具备所有优秀特性，而是各自具备独特的几种能力。现实世界里，每个行业的优秀人才都是独特的。

许多大型组织忙于寻求秩序和条理。在大型组织的理论世界里，每个职位对应的完美员工都具备组织领导者能想到的所有胜任力。然而现实世界中不存在这种纵横交错的胜任力列表，即使有也无关紧要。如果说英国绅士的猎狐运动是“不说话的追逐着不能吃的”，[1]那么胜任力模型就是“无法衡量的追逐着无关紧要的”。现实世界里，我们每个人都不完美，都在努力让自己具备的独特能力组合发挥最大作用。把这件事做到极致的人，在自己的工作中找到了热爱，并用聪慧和自律浇灌这份热爱，通过工作做出了最大贡献。最优秀的人并非全面发展，能弥补自己所有的短

---

① 没错，这是奥斯卡·王尔德说的。

板。恰恰相反，最优秀的人都有专长，在自己热爱的、专精的方向上实现了最大的贡献、最快的成长及最大的乐趣。

· · ·

从小时候上学到现在工作，我们肯定都想过，“要是能把这些烦人的东西丢在一边就好了，如果专心做自己想做的事，我肯定能做出更好的成果”。在一定程度上，我们一直都知道这一点。既然如此，现在为什么会有这些胜任力模型以及相关的360度测评、反馈工具和培养计划？胜任力模型不但耗费大量时间和精力，而且效力存疑、无法证实，与我们在现实生活中的体验相悖，是什么驱使原本很理智的人投入时间、精力和金钱去构建这种模型？

最简单的答案是，虽然我们深知每个人都独一无二，烦人的培训不可能消除这种独特性，但团队领导者太忙了，无法顾及“每一位团队成员都是不同的”这一事实——每位成员思考方式不同，动机不同，对非言语沟通的反应不同，喜欢的表扬方式也不同。谁有时间应对这么多微妙的差异和不同？最好定义一个模型，依照模型进行管理（于是有了前面说的自动反馈生成器）。

公司只想控制局面。许多企业领导者在面对各种复杂的多样性（不只是性别、种族和年龄的多样性，还有思维、动机和组织内部关系的多样性）时，本能反应就是设法实施控制，掌控全局，让混乱的局面变得统一有序，然后就可以了解当下的情况，规划下一步发展。因此，公司投入了大量时间和金钱，尝试回避每个人的独特性，而且以后还会继续致力于此，所以出现了胜任力模型。这种模型号称非常严格，可以制定一组特征用来评估每一个人，就像是比较几个苹果哪个更好，而现实一般是要对比苹果和橘子哪个更好。这种模型号称能提供分析视角，即了解全体员工的视角（被称为“绩效管理系统”不是没有原因的，听起来就很矛盾）。这种模型承诺符合实际、重视证据、绝无虚假。高管不了解当下工作的具体细节，没有能力对自己管理的大型企业进行微调以实现提升，那要高管干什么？越来越多的领导者怀疑胜任力模型根本起不了上述作用，这种怀疑会给他们带来不便，所以要打消这种疑虑。

明确地说，可疑的不只是胜任力模型，还有其背后的理念。胜任力理念认为，进步源于弥补缺陷，失败对成长而言必不可少，而人们的强项很可怕。

而正如我们所看到的，杰出表现中最抢眼的不是缺陷，而是显而易见的强项。强项经过长期磨炼，还能发挥更大的作用。然而“弥补缺陷”的理念仍然吸引着我们，给我们希望，让我们觉得自己能够控制和克服自己的不足之处，能通过艰苦努力将其消除。这个艰苦努力的过程通常毫无乐趣，但这也正是其魅力所在。“痛苦 + 反思 = 进步”，这是瑞·达利欧（Ray Dalio）创立的对冲基金公司桥水（Bridgewater）的箴言，我们很容易迷恋这种坚定而清晰的指引。努力弥补缺陷带来的痛苦似乎是值得承受的，我们通过这种方式来忏悔，向世界赎罪，我们受到这种有益苦行的吸引。

所以，“失败很重要”的理念也很有吸引力，因为失败帮助我们认识到自己的缺陷、更了解自己的缺陷。如今要是哪家科技公司不把“快速失败”挂在嘴边，它就会被认为出了毛病。购物平台 Next Jump 的首席执行官查理·金（Charlie Kim）说：“要想‘做得更好’，那么首先你要先去做，不管做得有多糟糕。”这前半句话很有道理，但他随后就说出了错误的推论："所以要开始去做，动手做，然后失败！我们擅长失败，因此变得擅长'做得更好'。"假如一家公司只顾着以各种花样越来越快地失败，那它本身就是一个失败。撇开这个显而易见的问题不谈，事实其实是，大的成功是许多次小的成功汇集在一起，进步是通过在每一次尝试中发现并保留有效因素、设法令其增加而实现的。失败本身不会教给我们任何成功的秘诀，就像我们的缺陷本身不会让我们了解自己的强项一样。我们开始进步，是因为发现了有用的因素，而不是发现无用的因素。①

有种说法是"强项很可怕"——我们应当避免过度发挥强项，因为发挥强项会使我们无法关注失败和缺陷，导致懒惰和自满。当然，假如能看到优秀运动员训练、优秀作家写作或者优秀程序员写代码，我们会发现，磨炼自己的强项是一项艰苦的工作，因为如果水平已经很高，一点一滴的进步就很难看到，而且强项其实并不是自己最"完善"的领域，而是最常受到各种挑战的领域。我们还被告知，不要"只顾着"自己的强项，要多关注缺陷和不足。按照一般的说法，我们被告知不要"回避正手击球"。[6]这种观点暴露了对强项的误解。对每个人来说，强项并不是最容易有所表现的方面，而是在这方面的表现最有影响力和增长空间。我们绝对不会让梅西尝试用右脚踢球，只会注视他日复一日、不知疲倦地提升左脚踢球的威力。"回避正手击球"之所以成为描述

① 写作本书时，Facebook 被质疑运用数据影响大选结果，面临多项政府调查；优步的无人驾驶汽车撞死了一个骑自行车的人，因此减少了相关测试；雅虎从某种意义来讲已不复存在。好像并没有人庆祝这些失败和其他的失败，也没有人赞美这些公司的"快速失败"。

“回避弱项”的习语，唯一的原因就是，我们一次又一次看到优秀网球选手正是这样做的。胡安·马丁·德尔波特罗、纳达尔和其他数不清的著名网球选手都是这样做的。这个短语形容的是回避弱项，发挥强项。优秀选手的实例告诉我们，这种做法可以让我们实现而非远离杰出表现、高绩效。

这些就是胜任力模型、360 度测评、人才评估、反馈工具等许多东西的基础。对我们来说，最重要的就是了解自己的缺陷、乐于接受失败和提防自己的强项。澄清一下，这里我们并没有提出绝对的论断：我们不是说尝试弥补自己的缺陷毫无用处，也不是主张人们应当出于对失败的恐惧而拒绝尝试新事物。我们主张的是，要优先对自己的强项和成功予以重视，因为这才是进步的源泉。胜任力模型及相关的人才评估方法最大的问题是，我们或许希望这个体系有助于发现和发挥每一位员工独特的才能，然而恰恰相反，这类方法限制了人才发展，否定了每个人的独特性。胜任力模型没能提升员工绩效，反而起了反作用。

· · ·

那么，我们应当采取怎样的行动？现实中杰出的团队领导者如何打造优秀团队？我们见过以下三种策略。

第一种策略是重视结果。在早期的硅谷，某初创公司的一位团队领导者碰到了一个不寻常的难题。他派一位新员工跟一个经验丰富的资深工程师一起工作，后来资深工程师抱怨说，新人既傲慢又难对付，身上还臭烘烘的，应该开除。但团队领导者看到了这位新人身上的闪光点，制订了另一套解决方案。他认为，两个人只要不同时在办公室，就可以长期合作，于是他让他们两人交替工作。因此，早期在雅达利工作的时候，乔布斯到夜里才上班。[7]

其他人可能会让你以为控制才是最重要的，胜任力模型则会让你为方法而伤透脑筋，但这两项都不是你的重点。身为团队领导者，你要重视结果。你的职责是为公司创造特定成果，要尽量高效、可预测和可持续，而且要以足够的创意、直觉和激情去寻找公司和自己将来需要的人才。休·道丁的大不列颠空战碉堡、麦克里斯特尔将军的每日 O&I会议、Facebook会议室门上的 logo 和来福鸡的加盟协议都让我们了解到，领导者不能一味追求控制，必须重视情报、意义和赋权——也就是相信结果经济。

梅西的主教练希望球队在比赛中进球得分，梅西用左脚踢球的怪癖在他眼中只会显得很有魅力，因为这种怪癖能帮助梅西本人或队友攻破对方球门。只有梅西和主教练两人都始终关注得分，主教练为梅西提供的培训才有价值，进而帮助球队获胜。重要的并不是独特性本身，而是得分。梅西的独特性总是能让球队得分，所以很有用。

网球也一样。为穆雷提供训练，我们绝对不会摆出通用的“优秀网球选手”模型让他模仿。我们会说：“穆雷，我们知道胜利和胜利的感觉是怎样的，你有哪些强项能让你拥有远胜于其他人的优势，帮助你取得胜利？你不可能打出费德勒的反手击球和纳达尔的旋转球，但你速度非常快，还拥有异乎寻常的果敢坚定。我们能如何帮助你发挥这些强项？”比利·简·金（Billie Jean King）曾说，最优秀的网球选手必须练习自己的“获胜组合”，即能够赢下一场比赛的策略。因此我们接下来会问穆雷，他的强项可以如何组合，然后鼓励他花时间练习这些组合，好在压力很大的局面下可以不假思索地打出获胜组合。换言之，我们会协助他发现，如何利用自己独特的强项，单独使用或组合在一起，来实现自己想要的效果。

教学是为了帮助学生学习。教学没有放之四海而皆准的规律，创作音乐作品也是如此。管理酒吧的成果，不是营造绝佳的氛围，也不是设计有趣的猜谜活动或者出售物美价廉的啤酒，这些都是方法，彼此没有影响。管理酒吧的成果，是拥有了很多对酒吧满意的顾客。优秀的区域经理走访店铺，会注意这家店铺的管理者在追求什么、什么时候进入“心流”、顾客受到酒吧里哪些活动的吸引。随后，区域经理会根据这些有关管理者强项的迹象构建培训策略，帮助每位管理者通过培训获得自己想要的结果。

你也可以这样做。先确定希望团队及其成员达成的结果，然后通过每个人表现的迹象寻找他们的强项，确定每位成员各自最高效、最出色、最有创意、最快乐的实现最终成果的方法。将每个人的特点从缺陷转为独特优势，这样一来，你就开启了重视结果的思路。

退一步想想，你要做的其实是让特定职位适应相应人员的特性，于是引出了第二项策略：设置“可调节座椅”。

“二战”结束后的几年里，美国空军造出了多款价格昂贵的新式飞机——采用喷气式发动机，速度很快，而且极难控制，于是飞机坠毁率达到了惊人的高度。经过多方调查未能得出结论，空军工程师开始怀疑，是不是驾驶座的设计出了问题——1926 年依据几百名飞行员体型平均数据设计出的驾驶座标准尺寸，是不是该修改了。也许一部分飞行员由于体型原因够不到控制面板，因此很难操作，于是工程师决定重新计算当下的平均体型，为此在

1950 年收集了 4 063 名飞行员的体型数据。负责这项测量的一个团队，由年轻的空军上尉吉尔伯特 · 丹尼尔斯（Gilbert S. Daniels）带领。

丹尼尔斯意识到，空军这个问题的实质并不是要了解平均数值，而是要“合适”。驾驶座是根据平均标准体型设计的，而飞行员的实际体型各不相同。随着研究的进行，他开始思考另一个问题。在分配给他的计算平均数据的任务之外，他开始想，样本飞行员里有几个真的是标准体型，或者接近标准体型（丹尼尔斯定义的“标准”是指身体尺寸各项数据都处在中间那 30%）。他认为，假如多数飞行员都接近标准体型，那么重新设计的标准驾驶座可能能够解决问题。

研究人员已经收集了每位飞行员的 10 项身体尺寸数据，丹尼尔自己查看这些数据，寻找 4 063 名飞行员里有多少人的所有尺寸都在中间 30%。

答案是没有。根本没有一个飞行员完全是标准体型。即使只看 10 个维度里的 3 个，3 项数据都在平均尺寸范围内的飞行员数量也不到总数的 5%。美国空军已经经过一系列筛选（例如个子太高或者太矮的人本来就无法加入美国空军），即使是在筛选出的这部分人里，也没有人是通用的均码。[8]

正如唐 · 克利夫顿发现唯一能预测业绩的数据是多项相关变量的总和（不存在合适的某项能力“类型”，只有合适的能力“总和”），吉尔伯特 · 丹尼尔斯也发现，4 063 个人里面没有完全符合平均标准尺寸的人，平均标准尺寸只是个数学概念，现实世界中并不存在。[9] 优秀表现的成果清晰可见，但实现优秀表现的要素因人而异。每个人各不相同，不存在通用标准，优秀表现亦然。

面对这样的多样性，你能做些什么？可以参考丹尼尔斯给美国空军的建议：设计可调节座椅。让机器适应飞行员，不要让飞行员适应机器。你也可以对团队采取此类措施——为团队成员提供可以调节的任务要求，更好地配合他们的个人特性。

第一项策略让我们明确自己希望实现的成果，然后帮助每一位团队成员找到以自己的方式实现成果的途径。这里有个问题：假如该成果不适合某位成员，那该怎么办？针对这个问题，第二项策略建议我们，让任务适应员工，而不是让员工适应任务，尽可能提升员工与任务要求的适配程度。但这里又出现了问题：假如一直调整工作以使其适应员工，那么该如何完整地完成全部工作？如果为每一位员工设计“可调节座椅”，到最后肯定还会剩下很多必要的工作无法完成。

于是有了第三项策略：运用“团队”技术。为了帮助你处理每一件亟待处理的事情，现实世界已经发展出了一套非常好用的技术，可以将每个人各有偏重的能力综合起来共同实现某个目标。这种技术就是“团队”，团队的神奇之处在于，让每个人独特的优势发挥作用。

你是个怪人。你自己已经习惯了，不觉得自己奇怪。但其他人都觉得你很奇怪，你也觉得其他人很奇怪：这种奇怪真是太好了。我们自己会从某件事情中得到乐趣，其他人却不能，真奇怪。我们很讨厌的事情，却有人非常热衷，真奇怪。如果别人做某件事的水平超出自己想象，我们可能会觉得惭愧、困惑、震惊，也会感到轻松。谢天谢地，她喜欢在众人面前讲话，他喜欢处理人际关系复杂的局面，她习惯立刻采取行动。假如我们身边的人都没有一点儿怪异的个性，我们就得花大把时间找出每个人都能做些什么事。但每个人都有独特的偏好，我们可以把大家集合起来，汇集每个人的个性组成团队。

多样性不是打造杰出团队的阻碍，而是杰出团队得以存在的基础。假如所有人都一模一样，那肯定会有很多没人能处理的事情，于是团队也解决不了这些问题。一些任务要求发挥我们自己并不具备的能力，我们要跟拥有不同强项、不同怪异之处、不同专长的人组队，才能完成这样的任务。反过来讲，这意味着我们彼此差异越大，对对方的需求就越多。彼此差异越大，就越依赖对彼此强项的了解和认可、对目标的共同理解，以及安全互信的氛围，以期在工作中最大限度地发挥强项。所谓全面发展，对个人而言是一个有误导性且毫无用处的目标，但对团队而言必不可少。团队成员多样性程度越高，个性越鲜明，团队能力就越全面。

胜任力，以及其他所有关注个人缺陷的标准化评估工具，对促进和利用多样性毫无助益。我们看到，这类工具起了反作用。但我们不必彻底抛弃这类工具。开发这种工具的过程中，通常有许多领导者讨论自己最重视的员工能力，这种探讨不宜用来构建评估工具和通用标准，但可以形成有关集体价值、工作重点、目标及志向的论述。客户导向、创新能力、成长定位、敏捷性，这些不是要评估的能力，而是要分享的价值。我们应当从胜任力模型中删去能力水平、个人评价、反馈等无关紧要的东西，对其进行简化和解释，认识其本质并明确提出，让全体员工都清楚地看到。将胜任力模型用作衡量工具，我们会走上危险的歧路——胜任力模型作为评测、规范和控制的工具只会起反作用。但若用来强调企业最重视的东西，胜任力可以成为另一种向企业灌输意义的方式，帮助领导者和团队了解什么才是最重要的。

5

员工需要关注

相比反馈，人们更需要关注。

大家都认为，千禧一代员工一定希望获得反馈。

不只千禧一代，大家觉得，对每个人来说，在工作中提供反馈也都是一件好事，反馈多多益善。于是，如今我们有幸获得向上反馈、向下反馈、同级反馈、360 度反馈、绩效反馈、发展性反馈、建设性反馈、主动要求和未经要求的反馈、匿名反馈等。这一堆五花八门的反馈还催生出一门课程，专门教我们如何给别人提供反馈，以及如何平静优雅地接受反馈。我们似乎十分确定，现在的员工需要获取对自己表现以及与同事相比的评价，虽然无法完全实现即时和直接，但即时、直接的反馈一定对员工有益。用马克·吐温的话来讲，在所有我们“确信无疑”的事情里，这是最确信无疑的一件。

如果说在这方面有什么不满，那就是近期有关 HR 技术创新的证据表明，反馈的即时性不够，因此你很快就会看到一大堆新工具，帮助你和公司随时针对任何员工的任何表现生成即时反馈。

身为团队领导者，你会被告知，自己工作中难度最大、最重要的一部分就是向员工提供反馈，尤其是需要改进的反馈。你的工作是提升团队绩效，你有责任为员工举起一面镜子，让他们清晰地看到自己的状态和实际表现。你会被告知，这就是团队领导者赢得成功和敬重的秘诀——这件事情被强调太多次了，于是这种直接、明确、不加修饰的反馈在职场上有了一个专门的叫法：公正反馈。

反过来，这意味着你必须与员工保持一定的距离，否则会失去客观性，不够公正。有时你可能会猜测，假如对员工表示由衷的关切，员工是否会奉献更多、成长更快，但别人会反复强调，如果与员工过于亲密，你就无法给出他们需要的公正反馈。

为了帮助身为领导者的你成长，别人会向你推荐一些介绍如何进行高难度谈话的书，建议你阅读一大堆论述年轻一代员工需要持续纠错反馈的文章，诸如《财富》杂志的“为什么千禧一代在工作中需要更多反馈”（Why Millennials Actually Want More Feedback at Work）、盖洛普的“管理者：千禧一代希望获得反馈，但不会开口要求反馈”（Managers: Millennials Want Feedback, but Won’t Ask for It）、《福布斯》的“反馈竟是千禧一代事业满足感的关键”（Feedback Is the Unlikely Key to Millennial Career Happiness）、美国商业技术新闻网站 Business Insider 的“为什么千禧一代在工作中需要获取持续性的反馈”（Why Millennials Need Constant Feedback at Work），这些文章会向你阐明，千禧一代依赖反馈获得成长。

你会学到这样的措辞：“现在适合给你反馈吗？”“你愿意听听反馈意见吗？”还有强硬一点儿的“我要给你反馈，请你坐下”。学过如何给出反馈之后，你还要学习如何接受反馈，比如复述（“你是说我需要加强‘组织才能和政治手腕’？”）和积极倾听（“请解释一下你说的‘幼稚得无可救药’是什么意思，给我举几个最近的例子，好吗？”）。

当然，如果别人给出的反馈让你觉得奇怪、困惑或者根本就是错的，你会产生抗拒感。你要理解，这种感觉只是面对威胁时的自然反应，作为领导者、作为一个想要获得成长的人，你必须“抛弃自尊”，“拥抱错误”，时刻保持“成长心态”。如果你设法将这些反馈全部当作帮助自己成长的有价值的建议，有人就会告诉你，你很快就会迷上这种感觉。前不久 Virgin 网站职场博客客座编辑、作家兼演讲者西蒙·斯涅克（Simon Sinek）说道：“有一种方法可以让你在职场发挥潜力：负面反馈……负面反馈是最重要的……我完成一个项目或者做完一件事，都会问别人：‘哪里做得很糟糕？我怎样做会更好？有没有改进空间？’现在我十分希望获得负面反馈。你也会这样，变得非常渴望负面反馈。”[1]

· · ·

看到这种对反馈的热忱，大家可能会好奇，假如一家公司内部每个人都经常评论其他人，这整个公司会是什么样。如果反馈无处不在、持续不断，会是怎样的感觉？只要看看世界上最大的对冲基金——桥水联合基金，我们就明白了。桥水董事长、联合 CEO 兼联合 CIO（首席信息官）瑞·达利欧很有保障投资回报的才能（桥水基金 1975 年建立以来净收益已经达到 450 亿美元，超过其他所有对冲基金），决定围绕“激进透明化”这一原则打造公司。他在自己的著作《原则》中提出了 210 条对工作和生活的建议，其中提到他的信条，即取得成功的途径是，看清世界真实的样子并投身其中，不管现实有多好或多坏。[2]公司里的每一个人，无论职位高低，都可以质疑某一假设或行动，不受层级关系或办公室政治等因素影响。达利欧说，现实世界就在那里，就是它原本的样子。我们必须面对它，不应限制任何人的才能，不允许出于礼貌或担心报复就对现实视而不见，就不努力加以改善。

当然，人就是这个现实世界的一部分，也需要被看到当下完全真实的样子。因此在桥水基金，不仅每场会议都有录像存放在公司的“透明资料室”（达利欧的激进透明原则十分彻底，毫无讽刺意味）供全体员工观看，而且公司给每位员工发了 iPad（苹果平板电脑），装有多个应用软件，用来从 6 个方面评价同事，例如“触及敏感话题的意愿”“概念思维”“可靠度”等。公司要求员工在电话、会议和日常交流后评价同事，评价结果会由专业团队 [至少是 IBM（国际商业机器公司）的技术平台 Watson 的开发团队这个级别] 进行分析，永久保存，并记录在每位员工随身携带的卡片上，旨在督促员工了解“真正的自己”，并且让其他人对该员工带给桥水的价值有一个彻底的、公开的认识——卡片上的一条指标是“可信度分数”。[3]

这显然是个非常极端的例子。2016 年，达利欧和公司 COO（首席运营官）发生激烈争执，要求对方就“诚信正直”一项接受全公司的评价。很难证明这样的透明度对员工表现的影响是积极的还是消极的（第 6 章会讲到，桥水虽然收集了几百万个数据点，但依然无法准确衡量每位员工的表现）。数十年来，桥水取得了出色的成绩，从达利欧先生的两室公寓发展到康涅狄格州格林尼治市的高级办公楼，如今已拥有 1 500 名全职员工。然而，企业点评网 Glassdoor 上对该公司的评价好坏参半，员工前 18 个月周转率高达 30%，是行业平均值的三倍。我们在前面的章节中已经讲过，员工选择离职是为了离开团队，而非公司。因此可以说，桥水留不住员工的团队数量高于平均值。

但是，瑞 · 达利欧和桥水虽然可能并非有意，却明显体现了一项共识：员工需要反馈，优秀公司和高效团队的领导者必须设法向员工提供反馈。

· · ·

在一定程度上，这样的共识是对传统绩效评估频率过低的合理反应。因为公司一年报告一次财务业绩，我们都习惯了一年调整一次员工薪资，而且许多公司赞成“绩效决定薪酬”，这必然导致一年设置一次目标，绩效评估及反馈也是一年一次。这样的节奏对财务人员有利，但对团队领导者和员工而言毫无意义。领导者要把所有东西塞进年初的一组目标和年末的人员评估，压力很大，而团队成员会觉得自己被忽视了。每年一次的频率对团队没有好处，但也无法改变。假如我们讨厌在年初和年末填写长长的表格，那么增加填表的频率就毫无用处。

于是，科技似乎来帮忙了。推广搭载了应用程序的智能手机，接入公司 IT（互联网技术）系统，公司就能让每一位员工拥有向员工资料库里任何人发起调查的能力，收集、统计并报告调查结果。如今，我们可以随时获取人对人的任何反馈，方便快捷。

这或许可以解释我们现在为什么能够给出持续反馈，却无法帮助我们理解为什么我们如此迫切地需要反馈。要理解这一点，我们必须追溯到两项证据充分的人类本能。

举个例子，你和同事要参加一场重要会议，一位同事迟到了。你有点儿不耐烦地等他来，心里暗自编排，他迟到是因为做事没有条理，分不清轻重缓急，而且不关心花时间等他的其他人。这种对他人行动的擅自揣测普遍存在，因此不会引起重视，但事实上，其推理逻辑并不严谨，却对我们的组织构建有着巨大的影响。我们编造这样的小故事，是为了解释同事的行为，即归因。而这种解释在涉及自己身边人的时候，会将他们的行为统统归因于他们的先天能力和性格，忽视外部环境。这样一来，你就会觉得同事迟到是因为没有条理，不会想到是哪个高层领导者在走廊上叫住他问事情。我们这种对他人行为（特别是负面行为）进行歪曲解释、联系到他们人格的倾向，叫作“基本归因错误”。我们看到有人做了让我们恼火或造成不便的事情，立刻就会确信是对方的人格有问题。

基本归因错误还有一个“近亲”。我们对其他人的解释集中于他们的人格，对自己行为的解释却宽容得多。在解释自己的行为时，我们会进行另一个方向的歪曲，将自己的行为过度归因于外部环境，集中于“我们遇到了什么事”。如果我们做了令别人恼火的事，那么对方生气只是因为不了解我们的处境，我们也是迫不得已。这种倾向叫作“行为者-观察者偏差”，属于自利偏差这一大类的推导偏差。这类偏差的作用是以能够维护自尊的方式解释自己的行为。

这种偏差让我们相信，对方的表现（无论好坏）都源于人格因素，如行为驱动力、行事风格或努力等，于是我们得出结论，如果想让对方进步，就必须针对人格提供反馈，帮助对方提升动力、改进风格，使努力事半功倍。为了纠正对方表现方面的某个问题，我们本能地转向性格方面的反馈，忽视对方所处的外部环境。

顺带一提，想想就知道，其实职场上很多东西也是从这个角度设计的——为“其他人”而设计，他们需要被告知该怎么做（于是计划取代了情报），他们的工作需要协调统一（所以目标高于意义和使命），他们的缺陷让我们所有人深陷危机（于是上一章提到的缺陷思维取代了对每个人独特强项的关注）。我们不敢面对的一大真相是，人类对自己以外的人的推测极其糟糕，这样的糟糕推测促使我们设计职场，用于弥补或隔绝我们在别人身上看到却没有在自己身上看到的失败。①

此外还有一种站不住脚的逻辑：成功要通过辛苦工作才能获得，给出负面反馈、接受负面反馈和改正错误都是辛苦的工作，因此负面反馈能够带来成功。②这样一来你就明白了，我们对反馈，尤其是错误反馈的热情为何根深蒂固——为什么我们“确定”反馈一定有用，同事一定需要反馈。

但这是错误的。

· · ·

回到本章开头的千禧一代。各种书和文章都主张，千禧一代员工迫切需要反馈，部分原因是他们刷社交媒体上瘾，在 Facebook

---

① 美国哲学家约翰·罗尔斯（John Rawls）于 1971 年提出一个名叫“无知之幕”（The Veil of Ignorance）的思维实验，来抵消这种推测的影响。他提出，设计世界的最佳方法是，想象一下，在设计完成的新世界里，我们每个人会被随机分配角色，在完全不知道自己会怎样（是富人还是穷人，是男性还是女性，是学者还是运动员，等等）的情况下进行设计。换言之，他的意思是，我们应当为我们自己、为我们能够想象出的自己而设计，不要为别人设计世界。这也是设计职场的好方法——不是为别的笨蛋，而是为了自己而设计。

② 这个错误的三段论在英国情景喜剧《是，首相》（*Yes, Prime Minister*）中有精彩的演绎：“我们必须采取措施。这是一项措施。因此我们必须做这个。”与之相似的还有：“所有的猫都有四条腿。我的狗有四条腿。因此我的狗是只猫。”逻辑学家称之为“中词不周延谬误”，而对我们来说，这是政治家的逻辑。

和 Instagram（照片墙）上被点赞成瘾。我们被要求将这种行为解释为，千禧一代随时需要了解他人对自己的看法和自己的定位。按照这种主张，假如身为管理者的你不随时注意他们的行为，不告诉他们怎么能做得更好，那你就有大麻烦了。

但如果我们再仔细看看，仔细观察一下各种社交媒体平台上更受欢迎的特点，以及用户选择与这些平台交互的方式，我们就会得出不同的结论。

举例来说，Facebook 和 Snapchat（色拉布）提供的用户反馈方式截然不同。几年前，Facebook 研究过“点赞”以外的表情符号快捷回应。经过大量研究（并且反复向用户保证不会提供“讨厌”按钮），Facebook 宣布增加 6 个表态符号，让用户可以对其他用户发布的内容给出更具体的反馈，最后决定新增的表情是“爱了”“哈哈”“耶”“哇”“伤心”“生气”。然而 Facebook 在更新不久后就发现，尽管公司经过了慎重的研究和测试，但用户根本懒得用这些新表情。

Snapchat 则往另一个方向发展。Snapchat 没有设置 6 种表态符号，一个都没有，因为 Snapchat 根本没有“点赞”按钮，直到现在都没有。Snapchat 这个新平台的魅力在于，没有人评价你。用户发布文章，或者向朋友发送照片信息，朋友可能回复也可能不回，24 个小时后文章或照片就会永久消失。Snapchat 现在有超过 2 亿名重度用户，跟他们交流一下你就会发现，千禧一代之所以被 Snapchat 吸引，正是因为这个平台可以供他们发布和分享，没有反馈的压力。他们知道自己有多少观众，可以在 Snapchat 上看到朋友们的照片，但全然不必担心反馈。Snapchat 上没有评判，更没有什么永久记录的评判，只有与某位朋友或某个观众的联结。

Snapchat 对早期用户而言是一种解脱，是人生中为数不多的可以表现真我并与他人建立纯粹联结的地方。没有会长期保留的反馈，这让人更随意、更自在、更真实，于是这个既安全又能让人获得关注的平台吸引了数百万名用户。建立社交媒体平台，使其实现自然增长，这是极其困难的——用户都很忙，而且已经有了固定的行为模式，在网络效应的强力影响下难以改变。社交平台 Ning、Path 和稍后的 Myspace（聚友网）在刚刚推出（Myspace 是重新推出）时都大张旗鼓，后来却都举步维艰，因为这些平台未能足够深入地触及人类本质。Snapchat 成功的机会可谓是十分渺茫，可是，Snapchat 发现了年轻人生活中缺失的重要成分（有观众欣赏自己的安全空间），因此其用户数得以呈指数级增长。随后 Facebook 和 Instagram 也开始效仿，尽全力学习 Snapchat。

Snapchat 的例子给我们的启示是，社交媒体从根本上讲倾向于“发布”，即正面的自我展示。这个“自我”是否真实，或者像其他许多研究提到的，网络形象是否只是自己理想的投射，这类问题对我们而言的重要性不如让别人看到我们、喜欢我们。我们寻求的不是反馈，而是观众。不只是千禧一代，我们每个人都会被能为我们提供观众和认可的地方吸引。我们希望在社交媒体上获得的不是真正的反馈，而是关注。近十年的现状告诉我们，社交媒体属于关注焦点经济（一些用户寻求关注，一些用户提供关注），不是反馈经济。

讽刺的是，虽然如今社交媒体平台的设计反映了千禧一代最喜欢没有反馈的环境，但如今的公司却将这类社交媒体视为千禧一代渴求反馈的主要证据。

人类需要不加评判的关注，已有大量例子说明这一点，

Snapchat 只是新近增加的又一个例子。19 世纪末，哲学家尼采说，我们是“红脸颊的野兽”，喜欢博取关注，之后几十年的新兴社会学研究成果不断证实了他的理论。20 世纪 50 年代，心理学家哈利·哈洛（Harry Harlow）进行了一系列著名的实验。他将小猴子从母亲身边带走，让它们在带着奶瓶的金属“妈妈”和没有奶瓶的柔软毛巾“妈妈”之间选择。实验结果表明，灵长类动物对温暖、关注和安全的渴求超过食物，小猴子都会选择毛巾而非奶瓶。最近的流行病学、心理测量学和统计学研究则表明，心脏病、抑郁症和自杀的最佳预测指标是孤独——脱离了他人的关注，我们就会走向衰弱。

关于职场上的这一现象，最著名的例子是 20 世纪二三十年代芝加哥郊外的西电公司（Western Electric）霍桑工厂实验。管理层希望提升工人效率，开展了一系列实验，研究工作条件和工作产出之间的关系。研究者首先调高照明亮度，让工厂变得更亮，不出所料，之后几天里工人们的工作效率大幅提升。随后，为了保证实验严谨，研究者又将亮度调回原来的水平，观察其影响。奇怪的是，工作产出又一次提升了。随后研究者进行了更多的实验，例如让工作间更干净、保持工厂整洁、休息时提供更多食物、更改休息时间的长短、将固定长度的休息时间分为几段等，每次条件出现变化时工作产出都有所提升，而且条件恢复原状时产出会又一次提升。更令人不解的是，每项实验结束后，产出都会迅速下降到原来的水平。

研究者花了一段时间才弄明白出现这种现象的原因，霍桑工厂实验最终得出的结论对职场科学产生了深远的影响。工人并非希望工厂更亮、更整洁，或者更暗、更脏乱。让他们有所反应的是受到关注。条件变化让工人感到管理层关注自己和自己的感受，他们喜欢这种感觉，对工作的热情也略有提升，进而提升表现和效率，最终让这一天的产出大幅增加。

因此，真相是“人需要关注”。在安全、没有评判的环境中向他人提供关注，他们就会受到吸引，留下来玩耍和工作。

· · ·

不过现实情况还是稍微复杂一些，因为反馈（哪怕是负面反馈）也属于关注。假如你愿意，你可以把负面关注、正面关注和无关注的影响全部量化，以便更好地理解员工在工作中最需要哪一类关注。盖洛普研究人员开展有关职场参与度的研究，首先向作为样本的美国员工提问，管理者最关注的是他们的强项还是弱项，或者丝毫不关注。然后他们又问了一些后续问题来衡量这些员工对工作的投入程度。随后，研究人员计算了获得每一类关注的高度投入员工和高度不投入员工之比。[4]

这项研究的第一个发现显示了如何成为世界上最差劲的管理者。要想让员工对工作漠不关心，那就忽视他们。倘若你不给员工任何关注，没有正面反馈，没有负面反馈，什么都没有，那么团队整体工作投入度就会暴跌，员工投入工作和不投入工作的比例为 1 ： 20。

第二个发现表面上好像令人振奋。研究表明，团队领导者给出负面反馈，其效果比完全没有反馈好 40 倍。领导者重点关注员工的缺陷，员工投入工作和不投入工作的比例是 2 ： 1。可是我们要记住，这里的“投入”是一组已经被验证有助于提升团队表现、有明确定义的体验。许多人被告知负面反馈是最好的，多数人在职业生涯中获得的主要是负面反馈。研究者观察过正面关注的影响后，这个 2 ∶ 1 的比例就开始让人担心了。第三个发现是：让员工获得正面关注，即关注他们哪里做得最好、哪里做得最有效，投入工作和不投入工作的比例提升到了 60 ∶ 1。

换言之，就提升团队表现而言，正面关注的效果是负面关注的 30 倍。（如果拿来跟前面的数据相比，正面关注的力量比彻底无视强 1 200 倍，不过我们还没有发现哪个管理理论推崇无视员工，所以不多讨论了。）因此，身为团队领导者，尽管有时我们必须帮助员工改善短板，我们默认要关注员工做不到的地方，而且一味追求提升给出和接收负面反馈的频率，但这样无法让员工充分发挥潜力。员工不需要反馈，而是需要关注，需要对自己做得最好的方面的关注。获得这样的关注，他们就会更加投入，进而更有效率。

· · ·

说到这里好像还没什么问题。我们喜欢正面关注，正面关注帮助我们提升工作绩效。但学习呢？假如只获得对自己强项的关注，我们要如何进步？西蒙 · 斯涅克提出了这个问题：自己需要改善的部分该怎么办？团队领导者一定希望团队成员有所成长，变得更好，这不就需要多花时间找到成员身上的不足并协助弥补吗？

在这方面，我们确信无疑的那套随意的工作理论又一次让我们失望了。我们似乎接受了这样一种观念："强项"和"需要改善或有新机遇的方面”分别在天平两端，我们在自己表现优秀的领域已经“完成”，在表现欠佳的领域则应该（且能够）提升。

在本书最后一章里我们会看到，关于团队绩效和团队投入度，最有力的指标是“工作中的每一天，我都有机会发挥自己的强项”。现在我们倾向于把“绩效”和“进步”分开来看，仿佛成长是脱离现在的工作独立存在的。但进步不是别的，正是每天工作做得更好一点儿，所以提升绩效和实现发展是一回事。关注强项可以提升绩效，因此关注强项有助于实现发展。

优秀的团队领导者似乎都知道这一点。他们拒绝“应该多花时间关注员工的缺陷”这一观念，知道现实中每个人的强项才是学习和成长的机遇所在，因此投入时间关注员工的强项，会在现在和将来带来巨大的回报。一部分领导者是靠直觉知道这一点的（也许他们从现实团队经验中总结出了这一点），但对我们其他人来说，有丰富的生物学数据可以证明正面关注有助于进步这一事实。在微观层面，学习就是神经系统发育，形成新的神经元。近期许多研究表明，大脑即使已经度过童年和青少年时期神经突触迅速生长成形的阶段，也不会失去形成神经元和其间突触的机能。这种功能叫作“神经可塑性”。人的大脑能够在一生中不断变化，这一点经常被用来说明我们应当不断向别人指出错误，让他们纠正，进而学会正确的做法。

当然，我们都可以学会正确的做法，或者至少是少错一点儿。我们都可以通过严格的训练，使相关技能有所进步。然而，脑科学还表明，虽然大脑可以不断成长，但不同的人情况各异。因为每个人的遗传基因和幼年环境不同，所以脑回路迥异——没有人跟你有同样的大脑回路。而且，大脑构造十分复杂，根本不可能有两个人的大脑构造完全相同。大脑中一些区域的神经突触格外密集，其他区域则较为稀疏。对大脑的成长进行观察，计算新的神经元和突触生长情况，结果表明，原本神经元和突触最密集的区域生长得最多。这也许是由于自然界残酷的“用进废退”原理，也可能是因为原本神经突触密集的区域有强大的生物基础支持，更容易长出新的突触。无论根据哪种原理，我们都能确定，人的大脑会在原本最强的区域获得最大的成长。大脑发育的方向是专业化。神经科学家约瑟夫·勒杜（Joseph LeDoux）对此现象的描述令人印象深刻：“大脑的成长就像是在原有的枝条上生出新芽，而不是长出新的枝条。”[5]

因此，你的强项就是你有待发展的领域，这一理念有神经学研究支持——从生物学角度来讲，强项和发展领域是一回事。神经学还可以告诉我们，关注强项而非弱项会带来什么反应。例如，在一项实验中，科研人员将学生分为两组。他们为其中一组提供正面指导，询问这组学生的梦想以及要如何实现；另一组学生则被询问家庭作业以及如何能更好地完成。谈话过程中，科研人员让每位学生接受功能性磁共振成像（fMRI）技术的监测，观察他们在面对不同类型的关注时大脑中哪些部分最活跃。

研究发现，收到负面反馈的学生的大脑中，交感神经系统点亮了。这部分是“战或逃”系统，会抑制大脑其他部分的机能，让我们只关注逃生所必需的信息。这部分神经系统被激活时，人会心跳加速，大量分泌内啡肽，皮质醇水平提升，绷紧神经准备采取行动。这就是大脑对负面反馈的反应：将负面反馈当作威胁，活性降低。心理学及商学教授理查德·博亚特兹（Richard Boyatzis）总结研究结论：“批评激发的强烈负面情感，会抑制原有的神经回路，引起认知、情感和感知上的障碍。”[6]

负面反馈不会促进学习，反而会对学习整体产生抑制作用，而且从神经学意义来讲，负面反馈会造成障碍。

与之相比，自己的梦想及实现方式获得关注的学生，大脑中被激活的不是交感神经系统，而是副交感神经系统。它有时被称为“休养生息”系统。再次引用研究人员的话：“副交感神经系统……刺激成年人神经系统发育，即生成新的神经元……带来幸福感，使免疫系统更好地运转，并促进认知、情感和感知上的开放。”[7]

换言之，放眼长远的正面关注，能让大脑更多区域得以发展，进而促进学习。我们常常被告知，学习的关键是走出舒适区，而这里的研究发现打破了这个谎言。走出舒适区，我们的大脑会只关注如何逃生，忽视其他所有事情。显然，我们在舒适区内的学习效果最好，因为舒适区是我们的强项所在，是神经回路最密集的区域。在这种状态下，我们最能敞开接受新的可能性，创造力和洞察力最为突出。

如果希望员工学到更多东西，就要注意他们最擅长什么，然后在此基础上进一步提升。

· · ·

问题是，该怎么做？如何激励团队成员学习与成长，避开阻碍员工发展的负面反馈，同时确保团队顺畅高效地运作？

有一件事你可以立刻就开始做：有意识地养成习惯，寻找每一位团队成员表现好的地方。让人关注缺点的引力是很强的，加州大学伯克利分校心理学家里克·汉森（Rick Hanson）说："大脑面对负面体验就像魔术贴，面对正面体验就像不粘锅。"所以有意识地养成习惯很重要。[8] 关注员工的强项，这件事或许并不容易，无法自然而然地形成，但这个习惯可以带来团队绩效、参与度和成长等各方面的回报，绝对值得一试。

计算机领域有个概念叫作"高优先级中断"。计算机运行过程中，如果有事件需要处理器立刻处理，则需要"中断"普通进程，将紧急事件提到处理队列的最前端。现实中的团队领导者与之相似，多个事件有待处理，需要关注并采取行动。领导者面对的高优先级中断，大部分是出现的问题，这是常态。假如药开错了，你不会希望把这种药拿给患者；假如刚刚得知自己提交的信息有一半已经过时了，你不会想让高管看到这些东西。出故障的系统或程序，都需要团队领导者处理。这就是高优先级中断：中断其他的一切以获得你的关注。

高优先级中断还会出现在员工出问题的时候。有人做错了事，比如电话没有应答好，错过了某场会议，或者某个项目进展不顺利，这时候高优先级中断的本能就会发挥作用：叫停其他的一切，告诉那个人哪里做错了，应该如何改正。

这种操作的困难之处是，员工不是程序，也不是机器，适用于程序和机器的机制对活生生的人不起作用。程序和机器是有限的、静止的，如果我们不做修改，它们就会保持原状，或者逐渐产生损耗。而人始终处在持续不断的学习和成长中，前文也说过，人在正面关注的作用下成长最快，在负面反馈下则状态不佳。于是悖论出现了，你的高优先级中断越倾向于员工的错误（进而加以纠正），员工在短期内的效率就越低，长期的成长也越少。处于受到负面批评的状态时，人的大脑会变得紧张僵硬，在一定程度上抗拒改进，[9]而机器和程序不会这样。你可以修理机器、修正程序，却无法以同样的方式“修理”一个人——人可不像烤面包机那么简单。

那么，对于员工，领导者的高优先级中断应该是什么？如果你希望员工进步，那就把高优先级中断放在团队成员表现优秀的时候。要随时留意团队成员的工作，如果发现他们简单高效地完成了某项任务，让你受到触动，那你要设法告诉他们。

听起来就像“留意把事情做对的人”一样简单，但还不只如此。为达拉斯小牛队（现达拉斯独行侠队）提供训练长达29年的汤姆·兰德里（Tom Landry）深谙此道。兰德里在刚开始当教练时与球员们格格不入，而且达拉斯小牛队在联赛中垫底，于是他采用了一种全新的训练方式。其他球队回顾铲球失误和失分，兰德里却让球员关注一切微乎其微的胜利。他全面梳理之前的比赛，为每一位球员制作精彩回放，让他们回顾自己轻松、自然的优秀表现。兰德里认为，错误的方式有无数种，但对任何一位选手来讲，正确的方法是确定不变的。要找到正确的方法，最佳途径就是观看自己发挥得最好的比赛。他对每一位选手说，从今以后，“我们只回放你获胜的比赛”。

现在他用这种方式提升队员的自我感受，因为他像所有优秀的团队领导者一样明白赞美的力量。这种做法对应的调查问卷陈述是“我知道自己的杰出工作会得到认可”。我们看到，数据表明，身在最佳团队里的员工，对这一点表示强烈赞同的人数远高于表现不佳的团队。①

不过，兰德里对赞美的兴趣远不及他对学习的兴趣。他的直觉告诉他，让选手观看自己杰出表现的慢镜头回放片段，可以最大限度地提升表现。杰出表现往往出现在“心流”状态下，这时候我们可能意识不到自己的行为——乔丹曾经看着自己在季后赛中的精彩片段，摇着头说：“哇，我是这样的？”兰德里为球员回放获胜的比赛，让他们旁观自己的行动，看清自己真正擅长的模样和节奏。他希望这种做法不仅能让球员提升信心，还能帮助他们再现优秀表现，打造自己独有的强项。凯斯西储大学社会创业教授、肯定式探询理论创始人戴维·库珀里德（David Cooperrider）指出，组织的发展离不开领导者的关注。[10] 早在20年前，汤姆·兰德里就在达拉斯小牛队运用了这一原则。

你也能做到这一点。如今“认可”（recognition）已经成为“赞美”（praise）的同义词，但这偏离了其词源。“认可”一词源于拉丁语的“理解”（cognoscere），“理解”又源于希腊语的“灵知”（gnosis），意为“知识或学习”。从这个角度讲，“认可”（re-cognize）一个人的本质就是重新了解一个人。认可的深层意义是，发现一个人身上有价值的东西，就这一点深入探求，不断努力了解其最佳状态。

认可的难点不只在于要让对方知道自己的表现或状态有多么好。单纯的赞美当然不是坏事，但它只针对过去的某个瞬间，而

① 你可能会怀疑这两者间的因果关系，是因为表现好所以获得认可，还是认可促进表现提升。数据显示，第一轮表现优秀的人的确会在第二轮中获得较高的认可，但反过来的相关系数还要高4倍，这说明认可对表现的积极影响大于认可对表现的反映。

不会创造在未来再现这一精彩瞬间的可能性。你要告诉对方，你被那个精彩瞬间吸引时的感受，即你对对方杰出表现的即时反应。对团队成员而言，由领导者说出在自己身上看到了什么、有何感想、有何启发、将来要依靠自己处理哪些方面的工作，这是最可信、最有力的。将你的反应详细地告知员工，不是评判也不是纠正，而是对该员工刚刚留下的独特“印迹”做出反应，提出你的观点或认识。正因为不是评判，只是单纯的反应，它才显得真实可信，无可置疑。这样的反应还很谦逊：有人对你说“我想知道自己现在的状态”，这个人表达的其实不是字面意思，说实话，你也没有资格回答这个问题——你没有能力确定对方的真实状态。这个请求的意思其实是“我想知道你觉得我现在的状态怎么样”，在这方面你可以放心地给出自己的答案。

为团队成员重复播放他们微小的精彩瞬间，给出你的感想，员工会放松进入“休息和消化”状态。在此状态下，大脑更能接收新的信息，与其他区域接收的信息建立联系，更好地学习和成长。简而言之，对员工而言，这是最好的认可。你在了解员工，并将这份了解传达给对方。而且，在优秀团队里，员工知道明天你还会继续这样做。卓越绩效和表现正是建立在这个基础上的。

· · ·

关注的性质是关键。假如某位团队成员做错了某件事，你当然要去处理，但要记住，你只是在补救——纠正错误，避免同样的错误再发生，这类举措对促进杰出表现毫无助益。如果护士给病人拿错了药，那么忽视这个错误就可能会导致病人死亡。所以，你当然可以说："别再这样了！"还可以设计相应的流程，确保药品开给患者之前经过三道审查。但采取这一措施的时候，你要记得，即使现在护士给患者的药一直是正确的，也无法判定这位护士提供的就是能让患者恢复最快、最全面的照护。纠正护士的错误无法实现完美照护，修改一篇习作的语法错误无法将其变为优美的诗篇，告诉别人某个笑话的正确笑点无法让这个人变得有趣。杰出并不是失败的反面：我们不可能通过纠正不良表现来实现杰出表现。纠正错误只是一种避免失败的方法。

要让团队表现卓越，需要改变关注的重点。你如果看到某位员工采取了十分有效的做法，就让他们停下来，给他们"重播"，这不仅是他们的高优先级中断，还应该是你的最高优先级中断。养成这个习惯，有助于推动团队实现杰出表现和高绩效。

那么，如何平衡呢？兰德里说，他只会重播每位球员获胜的比赛。我们是否也该如此极端，还是应该在强调胜局的同时主要关注可以改进的失误？换句话说，应该以怎样的比例重播"胜利"和纠正错误？"对，就是这样！"和"别再出这种错了！"的最佳比例是多少？社会学其他领域的研究可以给我们一些启示。看看约翰·戈特曼（John Gottman）教授对幸福婚姻的研究，以及芭芭拉·弗雷德里克森（Barbara Fredrickson）教授对幸福和创造力的研究，你会了解正面关注和负面关注的比例应当在3∶1到5∶1，即对值得赞赏的部分予以3~5倍于负面反馈的关注。[11]虽然不必特别执着于保持这个比例，[12]但研究表明，主动贴近这个不均衡的比例，你和团队都会受益。

· · ·

虽然说了这么多，但你即使用心良苦、努力强调正面关注，也总会碰到员工请你提供负面反馈并纠正相应行为的情况。员工会请你讲讲他哪里做得不好，抑或是他发现自己身处困境、进退维谷，又或者他在工作上遇到难题，于是向你求助。这时候你该怎么办?

首要原则是，抵制住强烈的诱惑，不要给出自以为完美的建议。[①]

优秀领导者需要知道的守则之一，前文已经讲过，就是每个人的大脑构造都是独一无二的，所以你看到的世界和对世界的理解都与其他人不同，吸引你或让你抗拒、消耗你的精力或让你欢喜的事物，以及这些事物带给你的思考，全都跟别人截然不同。这些东西因人而异，而且随着年龄的增长，差异还会增大。因此，你的领导者给你的建议，可能并不适合你。优秀的团队领导者知道这一点。他们知道，假如员工不擅长公开演讲，他们不可能建议员工组织流畅的语句、练习讲故事、打造有力的结尾，因为这位员工对“流畅”“故事”“有力”“结尾”这些词的定义跟他们完全不同。优秀的领导者深知，员工发挥最佳表现的途径与自己截然不同，无法预测。

下次你再看到别人以与你的完美建议截然不同的方式处理事情，先别生气。这个人不是没好好听你讲话，也不是阳奉阴违、消极抵抗。他肯定听取了你的建议，而且可能想做到你希望他做

① 我们建议你不要提建议，自己却在给你提建议，也是挺搞笑的。

的事，但他无法完全复制你的思路。他有他自己的思路，他按照自己的思路尽力去做了。

由此看来，所谓的“提建议”或许应该理解为“列举出一些对我有用且只对我有用的方法”才更贴切。瑞·达利欧的原则虽然有趣，但并非放之四海而皆准。那 210 条原则只对达利欧本人有用，至多还适用于与他性格非常相似的人。在这个意义上，建议就像血液。20 世纪以前尝试输血的医生，沮丧地发现虽然输血对部分患者有良好的疗效，然而还有一些患者似乎对献血者的血液“过敏”，身体完全无法接受外来的血液。后来奥地利科学家卡尔·兰德斯坦纳（Karl Landsteiner）发现了不同的血型，它们彼此不相容，医生才知道，要在输血前确定献血者和患者的血型匹配。

工作中的“表现输血”也是一样的。成功与否，取决于员工如何理解和消化自己听到的建议，将其融入自己的思维与行为。换言之，“表现输血”的建议首先看重的是听取建议的人，而不是建议本身。

经过脑科学研究证实的优秀领导者需要知道的守则之二：“洞察”是健脑食品。这是否因为洞察总伴随着多巴胺或其他神经递质的分泌，科研人员尚未确认，但已经确定“洞察”（用他们的术语来讲，就是一种从内心生发出新的理解的感受）会让大脑感到舒服。也许你已经留意到这种现象，比如你反复教导某位员工，但只有等到对方将你的建议与他自己的“原材料”结合起来获得新的理解，其表现才会大幅提升。这种洞察会成为该员工借以解读现状、应对目前难题的工具，为其提供克服困难向前进的引导。这种洞察就是学习，虽然也可能有外部的刺激推动作用，但它只会从员工自己内心生发。

我们煞费苦心地提建议，为自己的好意、视角、慷慨及后续影响而感到骄傲。我们首先做一些简单的安排，然后运用自己缜密的逻辑，带领寻求建议的员工一步步走出困惑，找到清晰的解决方案。我们为员工提供现成的完美图画。

但最有用的建议并不是现成的图画，而是一盒颜料和一套画笔。优秀的团队领导者会说，看看你能用这些东西做什么，从你的视角出发可以看到什么，你能画出怎样的图画。

这正是优秀领导者要反复播放你的精彩瞬间给你看的原因。他们这样做可以让你看到自己的“成功”大致是怎样的，为你提供可以用来作画的原材料，而且这本身就是你自己的行为，你原本就有所知觉。领导者要从外部再向你展示，好让你意识到，然后进行再现和改进。

所以，如果员工向你寻求建议，不要立刻冲到画架前开始激情作画。你可以试着拿出一盒颜料，里面装有“现在”的色彩、“过去”的阴影和“未来”的高光。

首先从现在着手。员工带着问题来找你，说明他“现在”正受这个问题困扰。他感到无力、受伤或受到质疑，你必须设法处理。但不要直接去应对问题，先让这名员工告诉你三件目前他顺利做好的事情，可大可小，可以跟当下的问题有关，也可以毫无关系，怎样都可以，只要是三件做得不错的事情就行。这样会促使对方大脑分泌催产素——这种东西有时候被叫作“爱情药”，但在这里的作用更接近“创意催化剂”。让员工想起自己做得好的具体事件，可以帮助他调节自己大脑中的化学物质，促使他乐于接受新的解决方案，以及新的思考和行动方式。（顺带一提，你可以向他坦言这个举动的目的。研究证实，参与者越主动，这个方法的效果就越好。）[13]

下一步，回溯过去。向员工发问：“以前遇到类似问题，你是怎样解决的？”人生大半有规律，对方以前很可能碰到过类似的问题，也肯定找到过相应的具体行动、思路或联系，借以摆脱困境。让员工回忆过往经验，用心思考自己当时的感受和行动，以及后续发展。

最后，转向未来。向员工提问：“你觉得现在需要做什么？在这种情况下，有什么已知的好办法？”要预设员工心中已有答案，你只是在协助他察觉。这时候一定要尽力提供一些你自己的经验，帮助员工明确他自己的想法，但最重要的是要让员工描述自己看到的线索，以及已知的有效方法。

这里不应该强调“为什么”，不要问“为什么那样做没有用？”“为什么你觉得不该那样做？”，这会让你们两人陷入揣测和概念的泥沼。要强调“什么”——“你希望有什么结果？”“现在你可以立刻采取什么行动？”，这类问题可以催生具体的答案，让员工看清自己接下来真正该做的事。他给出的每一个答案都是他落在自己画布上的一笔，能让图画更加生动、更有感染力、更加真实。

如果他一上来就用颜料泼满了整个画布，例如有些人会说，“我需要做的是辞职，买条小船环游到好望角”，那就塞给他几支小画笔，引导他看看画布的某一个角落，向他提议：这个小地方能不能重画一下，换个颜色或者换个角度？这样也许可以让他找到一些自己当下能够处理的地方，不必灰心辞职。从这点儿微小的进展开始，他心中的图像会逐渐清晰起来，他会一点儿一点儿画出新的图画。

人可以真实地评价自己的感受

我们无法客观地评价他人，只能真实评价自己的感受。

只用眼睛去看，你觉得自己能对某个人了解多少？如果每天与之共事，你觉得自己能否了解其行为动机？你能否发现足够的线索，表明这个人争强好胜或大公无私，又或者迫切希望每天处理好所有待办事项？他的思维方式是怎样的？你是否足够敏锐，能看出他的行为模式，确定他是拥有大局思维、擅长假设分析的思考者，还是逻辑缜密、擅长归纳的推理者，抑或是重视事实甚于概念？你能否分析出他与人交往的风格，察觉他其实比外表看起来更加富有同理心，在内心深处非常关心队友？

也许你可以。也许你能靠直觉从其他人的行为中捕捉到线索，看出对方的性格和处事风格。当然，优秀的团队领导者似乎能做到这一点。他们密切关注团队成员的本能反应和行为，判断出一个人喜欢在单独交流中接受赞美，另一个人则希望当着整个团队的面被表扬；一个人会根据明确的指示开始行动，另一个人则非常抗拒领导者要求自己具体去做什么。优秀领导者深知团队成员各不相同，会投入大量时间留意每个人的特点，尝试将每一位成员的特点转化为工作效率。

那么评价团队呢？你觉得自己能否为每一位团队成员的特征打出准确的分数？假如你认为某位成员擅长战略思考，你能否自信地为其战略思维打分？你能否为这名成员的影响力技能、业务知识乃至整体表现评分？如果你被问到该员工的这些方面与团队中其他人相比如何，你能否足够准确地衡量每一个人，为每个人的能力给出相对分数？这好像有点儿难了，你必须有一个确定不变的衡量标准，用这个标准衡量每一个独特的人。但如果我们提供分数为 1~5 的量表，附上每一个分数对应的行为描述，你觉得你能不能利用量表给出真实公正的分数？

即使你对自己这方面的能力有信心，那么其他团队领导者呢？你觉得他们会以相同的方式、客观程度和洞察力使用量表吗？你是否担心一些领导者打分更加宽容，给每个人的分数都更高，还有一些领导者对“影响力技能”等特征的定义与你不同？要使全体领导者以完全一样的方式打分，你觉得可能吗？

要保持一致的东西太多了。这么多不同的人，给这么多不同的人打分，评估这么多不同的特征，由此形成大量数据。可是我们必须努力保持一致，因为这些数据就代表着员工，一经收集，就会决定员工在工作中被如何看待。

· · ·

每年至少会有一次，几位资历比你深的同事聚在一起讨论你。他们会讨论你的表现、潜力和职业抱负，决定你该拿到多少奖金、你是否该入选特别培训项目，以及你是否该晋升、何时晋升。你可能知道，这种会议叫作人才评估，几乎每个组织都有类似的评估。组织要一个一个地审视员工，即人才，决定如何对每个人进行投资。表现最好、潜力最大的员工通常得到的钱和机会最多，你如果愿意，可以叫这些人“职场明星”。得分较低的人获得的比较少，而分数垫底的人会被组织放弃，美其名曰绩效改善计划（Performance Improvement Plan，缩写为 PIP）。

这种人才评估是组织用于管理员工的方法。组织希望让最好的员工感到满意，不断接受新的挑战，让没有贡献的人离开。在多数组织的企业成本中，员工薪酬和奖金占比最大，所以这种人才评估会议很受重视，其中最紧迫的问题，也是所有大型组织里所有高层领导者思考的核心问题就是：“我们如何能准确评价员工？”对高层领导者而言，这个问题能让他们在半夜惊醒，因为他们担心团队领导者无法像自己一样清楚组织需要什么样的人，进而无法客观评估手下的员工。

为了消除这种担忧，公司设置了各种体系来增加人才评估过程的严谨性。你最熟悉的一种可能是“人才九宫格”。九宫格用横轴表示员工表现，纵轴表示潜力，横纵轴都分为低、中、高三段，这样就有 9 个区域。团队领导者要在人才评估会议之前，考虑应该把团队中的每一个人放进哪个区域，即在表现和潜力两方面评估团队成员。这个体系是为了让团队领导者强调某些员工尚有潜力未发挥，另一些员工虽然表现优异，但在目前的职位上已经没有多少潜力。在人才评估会议上展示这组数据，高层团队就可以为这两种员工设计不同的方案，例如，给前者更多的时间，提供更多培训；为后者提供健康方面的福利。

许多公司还会用 1~5 分的量表评估员工表现，与九宫格并行，或者作为九宫格的补充。这种方法仍然是让团队领导者评估团队中的每个人。进行人才评估时，开一次“合意”或“校正”性质的会，大致就是你所在团队的领导者讲讲你的情况，解释为什么给你打了 4 分，其他团队领导者也都说说为什么给自己手下的人打了 5 分、4 分或者 3 分，于是开始讨论 4 分的具体标准，一个团队的 4 分和另一个团队的 4 分是否一致，你今年的表现是否真能得 4 分，组织中有多少人得到 4 分，还有没有 4 分的名额留给你。

假如组织中得 4 分的人太多（往往是因为很多团队领导者不愿意给员工打低分），你的领导者就不得不给你 3 分，然后跟你说，虽然你应该得 4 分，但今年没轮上你，明年再照顾你。这叫“强制曲线”，指的是配合组织需求，“只能有一定比例的表现优异者”，抑制团队领导者给每个人打高分的倾向，避免关于表现的不愉快谈话。强制曲线不是随意设置的，组织认为有必要为团队领导者设置这样的限制，而且这种举措可以确保奖励“差异化”，让表现优异的人获得比表现欠佳者更多的回报。

也许是为了让“表现”和“潜力”等字眼更加精确，许多组织列出了团队成员应当具备的胜任力，到了年底根据胜任力清单为员工打分。我们在第 4 章里质疑了这种模型究竟能不能如实反映现实世界中的表现。（真的有人具备清单上所有的胜任力吗？如何证明获得某项能力的人确实比不具备该能力的人表现好？）但是，很多组织仍然在对照这种标准化的清单评价每一位员工。为了方便评价，清单中的每项胜任力都被定义成几种行为，各种行为对应量表上的特定分数。举例来说，“组织才能和政治头脑”这一项，你如果觉得某位员工“做到了运用组织才能成功解决组织问题”，就可以给该员工打 3 分；你如果认为这名员工“能够辨别并有效率地解决复杂的公司政治难题”，就可以给他打 4 分。把该员工各项行为指标的评分像搭积木一样放到一起，给出对其表现及潜力的总体评分，这就是这位员工在人才评估中的总分。

过去的人才评估一年只有 1~2 次，如今有了智能手机，各组织可以像桥水基金那样，随时开展简短的绩效评估调查。每位员工都可能被同事、直接下属和上司打分，获得的分数在年中或年末汇总，生成最终评定结果。一些有风投资金支持的初创公司率先引入“随时评估”，促使更多成熟的人力资源管理软件提供商纷纷开发随时评估员工表现的工具软件，普华永道、通用电气等大型企业则自行构建了此类工具。

这场实时评估竞赛来得如此迅猛，似乎不可避免，而且一切都是为了协助企业回答其关心的问题：员工究竟能为我们提供什么?

身为公司的一员，你要关心的问题与此相关，但并不相同。你不必太担心员工能力、评分校准和行为指标等这些好像很深奥的东西。比起这些，你会深切感受到一些更现实的东西，一言以蔽之，你的薪水、晋升机会乃至是否续签合同，都在一场显然不会邀请你参与的会议上被决定。参与会议的一些人是你认识的，一些人认识你，还有些人你根本没见过。这些人会聚在一起讨论你，讨论跟你一样的其他员工，给你打分，决定应该把你放在九宫格的哪个格子里，继而决定你在一整年的辛苦工作后能得到什么，以及你下一步的事业发展。刚开始工作的那两年，你可能不会意识到这个事实，可是一旦意识到了，这种机制就会占据你的思维。你会在心里对自己说：真希望那些人觉得我优秀，真希望那些人不要觉得我哪里不好，但最重要的是，我想知道那场决定我前途的会议都说了些什么。这是你关心的问题。

你会对评估量表、同侪问卷和360度测评软件感到好奇，希望这些东西足够科学、足够严谨，能够反映自己真正的才能——理想状态下，反映你最好的一面。然后就听天由命吧。至少你作为一个人、作为一名团队成员的优点都能被其他人清楚地看到。

· · ·

在现实世界里，这些东西都没有用——这个事实想必会给你造成很大的打击。评估模型、评分校准、各种胜任力、量表，这些会议和方法全都无法确保向参与评估的人展示你真正的才能。因为这些东西共同的基础是，相信人能够客观地评价他人，但这是不可能的。

这就是我们要拆穿的第6个谎言。这个简单的事实令人沮丧。

太让人失望了。假如一个人接受过一定的训练、掌握了合适的工具，就能够准确地评估另一个人的能力和表现，那就方便多了。那样的话，我们就能收集很多有效数据并加以整合，采取相应的行动，然后就可以准确地把握一名员工的表现和潜力，评估员工胜任力。我们能够借助员工的上司、同事和下属的视角，了解该员工的各个方面，然后利用算法得出晋升人选、继任计划、培训发展计划、高潜力项目人选等。

可惜，尽管许多人力资源软件系统声称能够做到这些，但其实这些都是不可能的。40年来，我们一再检测人类评价他人的能力，始终只有一个不可避免的结论：人类根本无法评价其他人的任何方面。这个结论在“评价中的偏差控制：评价理论”（The Control of Bias in Ratings: A Theory of Rating）、“360度业绩评价中的特征、评价者与杠杆作用”（Trait, Rater and Level Effects in 360-Degree Performance Ratings）、“源自评价者的影响始终存在”（Rater Source Effects Are Alive and Well After All）等研究报告中都有所提及。[1]

看看最近几届冬奥会的滑冰项目比分，就能确认这一点。中国裁判和加拿大裁判在后外点冰三周跳的得分上怎么会有那么大的分歧？不过我们还是来看看最能揭示实际评价能力的研究。这项研究由史蒂文·斯卡伦（Steven Scullen）、迈克尔·芒特（Michael Mount）两位教授和行业/组织心理学家梅纳德·戈夫（Maynard Goff）主导。他们针对4 392位团队领导者，分别收集了两位直接下属、两位平级同事和两位上司对这些人的评分。这些领导者被评价的是综合领导胜任力，如“管理执行力”“鼓励团队合作的能力”“分析问题的能力”等，每项能力附有几个相关的问题用于评估，2.5万名评分者总共给出了将近50万个评分。[2]

随后，研究者提出一个直接的问题：什么因素最能解释评分者为何给出相应评分？影响最大的是不是在组织层级中的相对地位，即直接下属都会给出相似的分数，平级同事则是另一类，上司的评分又与这两类不同？抑或是评分者对被评价者总体表现的感受，假如一位评分者对被评价者总体感觉很好，这是否会影响其对每一个问题的回答？或者是评分者对某项胜任力相关的6个问题中某一个的回答影响了其他回答？换句话说，如果评分者认为你非常具有政治头脑，他是会只给政治头脑相关的一个问题打高分，还是会给所有相关问题都打高分？这三种可能的解释，被研究者总结为评分者立场、总体表现和胜任力表现，研究人员称这三种解释越来越接近评分本身的目的（衡量一个人某项技能的表现），而其中最后一种最接近这个目的。

显而易见，每一位评分者给出每一个评分，都有自己的理由，但研究者希望通过对数据的精细分析，找到最能解释总体规律的因素。他们发现，大多数（54%）评分差异可以用一个因素解释，即评分者自己的性格。数据表明，无论是上司、平级还是下属，每一位评分者都表现了自己的评分规律。一些评分者非常宽容，给出的分数普遍偏高，还有一部分人很严格，打分普遍偏低。部分人给出的分数平均分布在1~5，还有一些人的打分集中于某个分数段。无论自己是否有所觉察，每个人都有自己独特的评分风格，这种强大的作用叫作特定评分者效应。

这才是事实。露西根据战略思维能力的一系列相关问题对查理进行评分，给出的分数反映了明显的个人规律，而他们所在的组织认为露西的评分能够反映她对查理的战略思维能力的判断。可是，倘若的确如此，那么当露西转向另一位团队成员史努比，评价他的同一能力时，她的评分规律理应有所变化，因为不同评价对象的战略思维能力理应有所不同。斯卡伦、芒特和戈夫的研究则说明，露西评价不同对象时的评分规律并没有变化。她的评分始终如一，也就是说，她有自己固定的评分规律，无论评价对象是谁。因此，她给出的评价更多反映的是她自己，而非团队成员。我们以为评价工具是能让我们看到其他人的窗户，但评价工具其实只是镜子，反映我们自己的形象。

而且这种效应不受评价者对评价对象的性别、种族和年龄等因素的无意识偏见影响。无意识偏见固然存在，我们应当尽力教会大家超越或消除这类偏见，但研究表明，特定评分者效应与评价者和评价对象双方的性别、种族、年龄无关。评分规律的特质取决于评价者本身的特质，与评价对象关系不大——几乎毫无关系。[3]

这一效应的影响之大，自然令评估界大受打击，于是评估界加大投入，努力降低其影响。对评分规则和行为指标的说明越来越细致，就属于这种努力的一部分。很可惜，我们现在知道了，这样的措施事实上反而放大了特定评分者效应，即评分量表越复杂，特定评分规律的影响就越大。[4] 这就好像我们被复杂的评分量表弄得头昏脑涨，于是回归自己原本的评分规律以求“安全”。

我们根据一系列问题评估员工的各项能力时，特定评分者效应对分数的影响占一半以上。针对职场评估的三项大型研究得出了极为相似的结论：评分中约 60% 的变化是由评分者对评分量表的认知差异导致的。

既然你最关心自己是否被如实评估，那么这个事实一定让你非常担心：对你的评分其实主要反映了你所在团队的领导者的评分规律，然而其他人将其理解为你的表现规律。

即使能够纠正这种评分习惯，仍然有另一个障碍在我们面前。公司里共事的人跟你互动不够，不足以得知你的影响力技能、政治才干、战略思维乃至一切抽象属性究竟在什么水平。大家工作都很忙，要持续密切关注某一个人、评价其抽象属性，从时间角度来讲根本不可能。他们对你的了解不够，关于你的数据不够翔实，这就是第二个障碍：数据不足。假如奥运会滑冰项目的裁判无法对后外点冰三周跳的质量达成共识，他们只能反复观看各种后外点冰三周跳，那么忙碌的同事、下属和上司该怎么准确评价你的“商业头脑”？

即使在职场中增设一个“巡回评分员”的工种，令其专门负责在走廊和会议室来回走动，观察每位员工的表现并即时反馈，对员工的各项属性评分，我们也还是无法获得足够翔实的数据，其中一个原因是定义不明确。后外点冰三周跳的定义是，一只脚后外刃起跳，另一只脚刀齿点冰，旋转三周，起跳的后外刃落地，这是对这个动作唯一的定义。然而商业头脑的定义是什么呢？你会找到这样的说明：

商业头脑是理解商业场景并做出决策的敏感度和速度……具备商业头脑的人……有能力获取关于某个场景的必要信息，关注重要目标，辨别可能的备选解决方案，选择合适的行动步骤。[5]

除此之外，商业头脑还有多种定义。而且，“后外刃起跳”这样的具体描述，与含糊的“必要信息”“重要目标”“合适的行动步骤”差异太大了。对谁来说是必要的？重要目标是由谁决定的？如何确定合适的行动步骤？我们每个人读到这样的定义，都会觉得“没问题，我能根据自己的情况确定这些东西，不费吹灰之力”，但这就是问题所在。我们要评价他人的抽象属性，很多地方都会反映我们自己的个人看法。一个人对“商业头脑”的理解与另一个人截然不同，两人即使都受过正规培训，在评价同一个人的同一属性时，也很难给出相同的评分。

· · ·

虽然有特定评分者效应和数据不足这两大障碍，但还是会有人告诉你不用担心。他们会说，你真正的才能一定能得到展现，因为即使一位评分者不够可靠、有个人因素影响，但许多个评分者综合起来就不会有问题了。如果每一位评分者都能“大致准确”地评价你，我们将这些“大致准确”的评价整合在一起，就能清晰地看到你的才能。这个逻辑是360度调查的基础：一个人给出的评价可能不准确，但如果每个人都说你缺乏商业头脑，那你肯定就缺乏商业头脑。

这种思路非常普遍，然而也是错的，其中有两个谬误。首先是“群体智慧”。这个概念出自詹姆斯·索罗维基（James Surowiecki）的著作《群体的智慧》（*The Wisdom of Crowds*），书中举了很多例子，说明掌握各种信息的群体比单独一个天才更有智慧。[6]詹姆斯在书的开头讲述了达尔文的表弟弗朗西斯·高尔顿爵士的故事。高尔顿于1906年去看西英格兰家畜家禽展，看到一个猜测公牛体重的竞赛。这个竞赛只要花6便士就能参加，参赛者写下自己猜的数字，最接近正确答案的人会获得奖励。高尔顿痴迷于数据，于是他站在旁边，等到比赛结果宣布之后，要来了参赛者写下的800个答案，将所有数字相加除以人数，求得平均值。公牛体重1 198磅①，答案平均值则是1 197磅。群体比个人更聪明。[7]

完全正确。掌握各种信息的群体更聪明，而且通常比有特权的专业人士小群体更聪明。可是，这个结论里的重要条件是掌握各种信息。成就群体智慧的机制是，群体中大量成员均具备有关问题的现实经验。在高尔顿的例子里，参赛者多数来自周边农场，了解公牛大致的体重（即使不了解，至少也都知道“体重”是什么概念），所以把这些“大致”的数据集合起来求平均值，的确能获得非常接近公牛实际体重的数字。

但如果群体掌握的信息不够呢？如果要猜的不是公牛的体重，而是公牛身体里有多少个原子，或者公牛的“友善”程度，结果又会如何？群体对问题没有实际经验或知识，就不可能表现群体智慧。公司里很多人不常遇见你，而且每个人对“商业头脑”的定义都不

① 1磅约为0.45千克。——编者注

同，让他们评价你的“商业头脑”，就是这种情况。所谓360度调查，就跟让英格兰乡下的人们猜测公牛身体里的原子数量一样。[①]

有人会反驳，在企业中评估商业头脑其实更接近猜测公牛体重，而非原子数量，因为我们知道商业头脑是什么，可以做出大致的评估。然而我们在数据中发现，每个人对商业头脑的定义都不一样，越是用前文引用的那种行为描述对其进行标准化定义，特定评分者效应就越强。[②]影响力、决策力乃至表现等其他属性也是一样的。这些都是抽象概念，被我们每个人自行赋予意义：我们掌握的信息并不充足，我们作为评价者并不比估计原子数量的农民高明多少。这就是第一个关于群体的谬误——群体（永远）比个人更有智慧。

第二个谬误是，即使一个人对你的评分是无效数据，但如果将它跟其他6个人的无效数据整合到一起，它就会神奇地变成有效数据——数据中的错误经过均分会被消除。但实际上数据没有这种作用机制。只有随机错误才能通过均分来消除，系统性的误差只会叠加成更大的错误，比如来自错误评估方法（也就是我们评价其他人的方法）的数据。噪声加上噪声再加上噪声，再怎么加都不可能变成有效信号，只会变成一大堆噪声。数据的性质是，

---

① 你可能也想知道一头公牛含有多少个原子。我们计算了一下，答案是54 340 365 926 000 000 000 000 000 000个左右。你可以自己找人试着猜猜，看结果怎么样。

② 要想解释出现这种现象的原因之一，就要回顾之前的一个例子——后外点冰跳在“后外点冰跳”这个名称出现以前就已经存在了，因此其准确定义就体现在名称里。商业头脑的概念在我们制造出这个概念之前并不存在，所以它只是被其他抽象名词定义的一个抽象名词，不可能有准确、具体的定义。

噪声加上许多信号，还是会得到噪声，因为一点点无效数据就会污染所有的有效数据。

关于这一点，我们找到了一个有趣的例子：阿里尔 6 号卫星（Ariel 6）。阿里尔 6 号是 20 世纪六七十年代由英国设计制造、由美国发射的一系列科研卫星中的最后一颗，携带了三组仪器：一组宇宙射线探测器和两组射线探测器。X 射线探测器与卫星转轴成一直线，因此要对准某个星球，必须让整个卫星朝向特定区域。为了实现卫星姿态控制，设计师巧妙地利用地球磁场，既能测量探测器指向，又能改变卫星的朝向。而为了测量磁场，卫星装备了两组磁力计，不只提供后备，还可以提供两组独立测量结果，综合求平均值，消除随机误差。

1979 年夏，卫星从英国被运往弗吉尼亚东岸的沃洛普斯航天中心，由斯科特运载火箭发射升空，很快就出了问题：卫星没有沿既定轨道运行，有点儿失衡，电池充电也出了问题。而且不知道为什么，X 射线探测器探测到的 X 射线比科研人员预测的少。科研人员要检测哪里出了差错，于是让卫星对准了宇宙中最强的 X 射线源——蟹状星云。

科研人员将实际结果跟预测结果做了对比，发现了两个问题。其一，一组 X 射线探测器的射线镜表面受到了污染，因此在之后的任务中，射线镜被保护了起来，直到能够安全地暴露在宇宙中。其二，卫星朝向有所偏离。一组磁力计有误差，于是平均测量结果中出现了系统误差。无效数据与另一组磁力计提供的有效数据混在一起，卫星找不到准确的方向，无法指向正确的星球。

关于评价，如果认为我们能够通过从多个数据源获得大量数据，以求平均值的方法来应对某一数据源出错的可能性，那就大错特错了。在优质数据里掺入无效数据，或者反过来在无效数据中加进有效数据，都无法提升总体数据质量，无法弥补无效数据固有的问题。

在阿里尔 6 号的例子里，解决方案是忽略有误差的磁力计给出的读数，只利用正常磁力计的数据。可是换成旨在认可优秀人才的人才评估会议，就没办法这样处理了。在人才评估中，所有数据都是错的，没有可供采用的有效数据。我们纯粹是在用有问题的数据指向错误的星球（人才）。

· · ·

目前为止，我们已经明确了三个事实。其一，人类无法通过训练获得客观评价他人的能力；其二，以这种方式获得的评价数据是无效的，因为这类数据说明的是评价者而非被评价者的特性；其三，增加更多有问题的数据，不可能抵消总体数据中存在的问题。这几个事实说明，年度员工投入度调查、表现评价工具、360 度调查等各种各样基于评价的工具，根本不可能发挥其声称的效果。也就是说，以这些工具产生的数据为基础进行的讨论，无法如实反映你的情况。面对如此可悲的局面，我们应当如何处理?

我们能够采取的第一步措施是，学习分辨无效数据和有效数据。多数人都会跟你说，我们正在迅速进入大数据时代，所有流程、结果、条目、个人偏好和交互都会被记录、量化、经过机器学习算法分析处理。收集了这么多实时数据，大数据时代的我们必将能够应用人工智能考察和学习数据之间的关系，进而理解哪些事物以何种频率、在何种条件下预示着某事。

然而，假如无法获得足够的有效数据，这种算法其实不会带来任何收获。假如把手机放在口袋里会让体温计出错（别担心，只是随便举个例子），那么在这种情况下研究体温随时间变化的情况，或者体温与其他数据点的关系，就不可能得出任何有用的结果，因为体温数据被口袋里的手机影响了。分析无效数据只会得出无效结论。

那么，究竟什么样的数据才是“有效数据”？

我们可以说，有效数据有三个显著特征：可靠、可变、正确。

可靠的数据，就是稳定、可预测且如实反映相应变量的数据。最明确的有效数据来自可以计数的事物，因为如果一样东西能数得清（不管是用手指还是用其他形式的计算工具），那么不管是谁用什么工具来数，得到的数据都会是一样的。你的身高、你的薪水、你去年没去上班的天数、春季某个下午办公室外面的气温，都是可靠数据。

可是，假如我们在那个春季的下午带着温度计走在外面，温度计先是显示 21℃，10 分钟后突然变成了 –6℃，虽然在理论上有可能是世界突然变得特别冷，但更有可能是温度计坏了。再过 10 分钟，如果温度计读数变成 24℃，那我们就可以肯定，不是气温突然异常，是温度计坏了。有很多种统计检验法可供我们评估数据的可靠性，但从本质来讲，数据收集工具获得的数据在相应事物稳定不变时同样稳定，不发生变化的话，我们就会信任该工具。而不可靠数据则不稳定，似乎会自行变化。倘若测量工具在相应事物没有变化时给出的数据不断发生变动，比如坏了的温度计，那么我们就不会信任该工具。

这就是 360 度反馈工具不可靠的原因。360 度调查给出的数据衡量的理应是评价对象身上是否具备特定胜任力，但仔细看看调查结果，我们会发现，它给出的数据在自行变化，因为该工具反映的其实是评价者自己的特性。

可变数据，是指数据呈自然（非外力干涉）分布，即分布情况与现实世界状况一致。我们可以通过某一工具衡量、表现评价对象现实变化范围的能力，来判断该工具的质量。还是上面讲的温度计的例子，如果在商店里买一个普通温度计，最低示数是 -10℃，我们把这个温度计带去南极，它每天都会显示 -10℃，而实际温度其实更低。这个温度计的测量范围不符合我们的要求，因此不是合格的工具——它不是坏了，而是不适合这个任务。

如果你在工作中上过培训课程，然后被要求评价该课程，那么下面要讲的这个会产生大量无效数据的评价工具你一定不陌生。该工具请学员回答这个问题——“总体来讲，这次学习体验不错”，在1~5 的范围内给出一个分数，5 分是“强烈赞同”，1 分是“强烈不赞同”，你会发现，几乎所有人都会给出 4 分或 5 分。温度计是本身就不适合去测量南极的温度，而这个评价工具则是本身设计就有问题。不过最终效果是一样的：这样获得的数据不是自然分布的。

表现评价工具同样设计欠妥。我们要求团队领导者给团队成员在 1~5 的范围内打分，最终得出的数据看起来就像是他们被要求在 3~5 的范围内打分一样，因为团队领导者几乎不会打出 1 分或 2 分。（所以许多公司规定必须出现一定数量的低分，如果不这样规定，表现评价工具给出的数据无法体现自然分布。）

为了让评价工具获得的结果体现自然分布，我们不得不构建出措辞非常极端的问题。比如“我觉得自己的工作与自己的能力相符”这样的问题，获得的答案会很集中，每个人都会回答“赞同”或“强烈赞同”。因此，我们在设法衡量员工强项与职责是否匹配时将问题表述为“工作中的每一天，我都有机会发挥自己的强项”。“每一天”这样的极端词语，作用是将参与者推向量表的两端，实现自然分布。[①]现在回头看看我们在第1章列出的8条有关团队体验的陈述，你会发现，每一条的措辞都比较极端。例如，衡量使命和目标的问题不是“我相信自己所在公司的愿景值得我为之奋斗”，而是“我对自己所在公司的使命满怀热忱”。

这些差异似乎很小，却能够体现评价工具生成数据、反映现实的能力。

最后，我们必须自问：可靠数据的分布范围是否有用？评价工具显示的高分，是否预示着现实中其他事物的高分？评价工具的变化，是否与现实中其他因素的变化有关？这对痴迷于数据的人来说是“圣杯”，有个专有名词叫作“效标关联效度”（criterion-related validity）。可以说，如果某一评价工具生成的数据范围能够预测其他事物的范围（如果我们能够一再证明，该工具衡量的因素与用其他工具衡量的其他因素相互关联，数据变化状况一致），那就证明该工具给出的数据正确。例如，亚马逊如果能够证明购买了一件商品的顾客的确会购买网站推荐的另一件商品，那就说明顾客推荐数据是正确的（或者说具有“效标关联效度”）。如果亚马逊确定某个网页的点击量与另一个截然不同的网页点击量相关，那就可以认为它找到了正确数据。

再举一个例子，如果在某个员工投入度衡量工具上获得更高

① 严格地讲，它是为了更加准确地描述每一个人各自不同的体验，从而更准确地反映现实情况。

分数的员工的确在公司供职时间更长，那就可以说该工具的数据有效。这种情况下，投入度分数区间预测了主动离职率区间。一组可靠数据预测了另一组可靠数据，这样一步一步谨慎前行，我们就能积累关于现实的正确认识。[8]

可靠、可变、准确，这是有效数据的特征。这三个概念可以帮助你检验任何数据的质量。

举例来说，假如有人声称自己的数据是正确的，你可以礼貌地问他，可否证明这组数据能预测现实中的其他数据、能得到其他数据的检验。倘若他能拿出类似能与亚马逊两个页面点击数量匹敌的相关性证据，那么他给出的可能就是正确数据。

如果有人来找你，希望你关注一组数据，你可以看散点图，观察这组数据的分布是否自然。假如散点图上的数据点集中于某一段，那么这组数据的质量可能不高。经过校准或合意干涉了分布区间的数据，绝对不是有效数据。这样的数据被“污染”了，其分布是外力干涉的结果，因此是无效数据。

不过，数据首先应该是可靠的。你的统计员朋友会告诉你，一切基于数据的发现，前提都是数据可靠。衡量事物，首先要确保衡量工具本身不会生成自行变化的数据，如果数据会自行变化，我们就无法信赖其显示的分布区间，因此无法证明这组数据分布与现实中的其他数据存在相关性。没有可靠性，意味着不正确，无法得出有效认知。一切事物都是如此。[9]

本章已经讲过，一切有关人（包括你）的数据，问题都在于不可靠。显示你“当前完成进度”的目标数据，用抽象概念对照你的胜任力数据，通过不可靠观察者的眼睛衡量你的表现和潜力的评价数据，这些数据都会自行变化，无法真正衡量相应的因素。

这种系统性的不可靠带来的最离奇的结果之一就是：在这个人们所认为的大数据时代，却没有任何一个组织能讲清楚什么因素可以提高绩效（至少是知识型工作者的绩效）。我们也许能说出影响销售量或计件工作成果的因素，因为这两项从属性上来讲都能够可靠衡量，可以计数。然而除了这两种工作，其他大部分工作的绩效，我们都不知道是受何种因素驱动的，因为没有可靠的衡量方法。我们不知道规模较大的团队是否会比较小的团队表现更好；我们不知道远程工作的员工是否比在固定办公地点工作的员工表现更好；我们不知道文化更多元的团队是否比多元化程度低的团队表现更好；我们不知道外包兼职人员和全职员工谁会表现更好。我们甚至无法确保被投入员工培训的资金真的能提升员工绩效。这一切我们都不知道，因为我们没有可靠的方法来衡量绩效。

因此，你如果看到关于工作绩效驱动因素、关于工作绩效的其他方面的明确论断，耳边应该响起数据质量的警钟。你看到的结论可能并没说错，但与之相反的结论可能也没错。在我们找到可靠的方法衡量知识型工作者（如护士、软件开发者、教师、建筑师等）的绩效之前，关于绩效驱动因素的一切论断都是没有意义的。这种东西没有人知道，声称自己知道的人只不过是分不清数据好坏而已。

· · ·

现状如此，你能做什么？首先，你可以提出问题。询问关于你的绩效和潜力的评价从何而来，对你的评价参照了哪几项胜任力，看看调查问卷中的问题。倘若问卷里全都是让评价者针对你的特定行为或胜任力打分的问题，那就问问这份调查问卷是否考虑了特定评分者效应。你可能会收到一个大白眼作为回答，所以最好带上本书，或者把前面提到的文章下载下来备用。你很有可能不会立即看到工具或流程上的改变，但至少你会有所觉察，并且作为一个对可看到的数据加以质疑的人而出名。这种名声一向是不错的。

倘若你有相应的影响力，也愿意去做，那么下一件能做的事就是改变组织内部衡量“人工”的方式。因为要获取关于人的数据，还有更好、更可靠的方法：虽然我们无法客观地评价他人，但人可以真实地评价自己的体验。

如果我们让你评价地方代表的政治头脑，你给出的评价不可能客观地衡量所谓的“政治头脑”这种东西，你不可能钻进他脑袋里去看看这种抽象属性到底存在不存在。但如果我们问你今天打算把选票投给谁，你的回答就真实地衡量了自己今天打算给谁投票这一事实。这种衡量比较谦逊，只是让你讲讲今天的投票倾向，但这是对相应现实的可靠衡量。

类似地，如果我们让你评价一位团队成员的“成长潜力”，你给出的评价肯定是不可靠的，因为你根本不知道具体什么是成长潜力，而且不可能做出评判。但如果我们问你现在是否打算提拔她，那你的回答就是可靠的。虽然你无法扒开她的脑袋瞧瞧她的成长潜力如何，但你可以问自己现在是否打算提拔她，你对这个问题的回答是可靠的。（讲述自己的体验时，我们拥有一切必需的有效数据，因为这是我们自己的想法。）你的回答十分准确，毫无夸大成分，就是你在仔细思考后对她的主观看法。这组数据更谦逊、更可靠。

同样，你对团队成员“表现”的评价并不可靠，因为你对表现的定义是你自己独有的。但你对“希望获得超乎寻常的成果时，你是否会选择这位团队成员”这个问题的回答非常可靠。这个问题没有让你超出自我的范围，把自己拔高，冷静地对她的表现发表建议，而是问你内心的想法，请你告诉我们，你在希望成功完成一项工作时，是否会满怀信心地去找她。这个问题你不会答错，因为这个问题不存在对错，只是你对这名成员的感受。其他人可能与你有不同意见，但这并不代表那个人是对的，只能说明那个人对她的想法与你不同。

再说一遍，这样获得的数据比较谦逊（只是你对自己感受的评价），也更可靠（你的感受你自己知道）。

所以这里有一条普遍适用的规则：如果你希望获得有效数据，那就留意只让你评价自己的体验和感受或行为意图的问题。你也许不确定这类问题是否有效，换句话说，你可能不知道对这些问题的回答能否预测现实事物，但至少你知道，这些回答是可靠的。另外要明确一下，可靠并不等同于准确。可靠的意思是，某些东西不会随机产生波动。因此，我们说你可以真实地评价自己的感受或意图，意思并不是你能够准确评价自己的性格或表现。假如让你评价自己的表现、成长定位或学习敏感度等，你大概不可能准确评价，这些抽象概念可能都不存在。我们的意思是，你能够真实地评价自己的感受和意图，仅此而已。

· · ·

从这个角度出发，我们可以开始回答“如何衡量知识型工作者的绩效”这个棘手的问题了：利用自己描述自己感受和行为意图的可靠性，设计不同类型的问题。难点在于要调转探究方向。不要再问另一个人是否具备某种特质，而是要问我们自己，假如对方拥有某项特质，我们会做出何种反应——停止思考别人，要思考自己。设计出这样的问题，我们就可以每隔一个季度或者在每个项目结束时询问团队领导者对每一位团队成员的感受。以下是我们列举的一些实际使用方法。

> 询问团队成员的工作质量，可以用前文提到的：“希望成功完成一项工作时，你是否总是会去找这名成员？”
>
> 询问员工的“团队精神”，不要让团队领导者评价其协作配合能力，要问领导者自己在面对擅长协作的员工时会怎样做、有何感受：“你会首选这位团队成员进行合作吗？”
>
> 询问团队成员的未来发展情况，也不要让团队领导者评价其潜力或其他抽象属性，要问领导者的意向，比如：“如果可以提拔一名员工，你是否会选择他？”
>
> 最后，我们可能想问团队领导者，这位员工的工作中有哪些地方应当留意。可以这样问：“你是否觉得这名员工的工作表现中有些问题需要立即指出？”

以上 4 个问题，都是让团队领导者讲述自己的感受和希望采取的行动。[10] 对这些问题的回答，并不是针对每位团队成员表现的全面评价（这种东西无法实现，甚至根本无法定义），但真实地反映了每一位团队领导者对每一位团队成员的感受，以及希望采取的行动。

我们往往觉得，数据中的主观性是其缺陷，我们追求的是客观性。然而，进行衡量时追求客观性才是真正的问题。应当追求的是可靠的主观性。针对以上问题的回答提供了可靠的主观数据，虽然并不全面，但很有价值。测量体重无法全面评估一个人的健康状况，但这是对与健康有关的一个因素的可靠评估。同样，这 4 个问题可以让我们可靠地了解与表现有关的部分因素。

我们可以看到，“什么是表现”这个问题与“什么是健康”一样抽象，也差不多一样有用。评估健康状况，其实并不是评估健康，而是进行一系列彼此独立的测量项目，比如询问和检测身体质量指数（BMI）、血糖水平、锻炼后的恢复效率等。针对这些项目的数据，我们可以采取一些措施，因为这些具体项目可以导向进一步的咨询和行动。相反，确定你的健康状况评分为 4 分其实没有什么用处。理解表现的关键是，不要再把它当作一个宽泛的抽象概念，要寻找其中可以可靠衡量并据此采取相应行动的要素。

当然，我们会担心一些团队领导者缺乏判断力。但我们不可能找到基于数据的有效方法来评估哪些领导者值得信赖，所以最好的办法是让所有团队领导者都针对全体团队成员回答这一类问题，每个季度回答一次。如此一来，我们在每次人才评估时都能够明确，我们想知道的是每位团队领导者对每位成员的感受，以及希望采取的行动。这样的数据主张不那么强烈，但我们要衡量的是可以衡量的因素，不是客观现实本身，所以我们确定能够获得可靠的信息。关于表现的可靠数据就应该是这个样子。

事实上，这就是关于表现的可靠数据。以下是思科的一组团队领导者对上面 4 个问题里的前两个（关于成功完成项目和合作）给出的回答（见图 6–1）。思科采用了控制每位领导者自身评分倾向（打分比较宽松还是比较严苛，分数平均分布还是集中于某一区域）的算法，尽可能地保证数据准确反映每位领导者的想法。

可以看出，这些问题不但可靠，回答情况也呈现自然分布。思科无须加以干涉，团队领导者对这几个措辞谨慎的问题的回答已经符合分布规律。

掌握了这些谨慎、可靠、符合实际的数据，思科就可以提出其他更有趣的问题，根据答案采取相应行动。思科现在拥有了关于员工表现和投入度的数据，符合可靠、可变、准确三项特征，可以开始研究绩效和投入度两者之间的关系。比如说，思科已经发现，团队成员强烈感受到自己知道公司对自己的期望、能够经常发挥自己的强项、工作能够获得认可、不断受到挑战实现成长（也就是第1章中关于“我”的投入度问题得分很高）的时候，团队领导者在不知道员工投入度分数的前提下独立评分，针对第一个问题给这部分员工的分数更高，换句话说，就是在希望获得优秀成果时经常去找这些人。

此外，当团队成员强烈感受到自己与身边的人价值观一致、队友会为自己提供支撑时（关于“我们”的投入度问题里的两个），领导者同样在不知道投入度分数的前提下独立评分，针对第二个问题给出的分数更高，也就是会尽可能地跟这些人合作。这些东西看起来很玄妙，但如果你是团队领导者，希望提升某位员工的个人贡献（这种情况下，你应当与该员工谈谈期望、强项、认可和成长），或者希望提升其团队贡献（跟这位员工及整个团队谈谈大家对“杰出”的定义，以及如何相互支持），就可以参考以上研究成果。[①]

① 本书附录中提供了思科和ADP的其他研究成果，供有需要的读者参考。

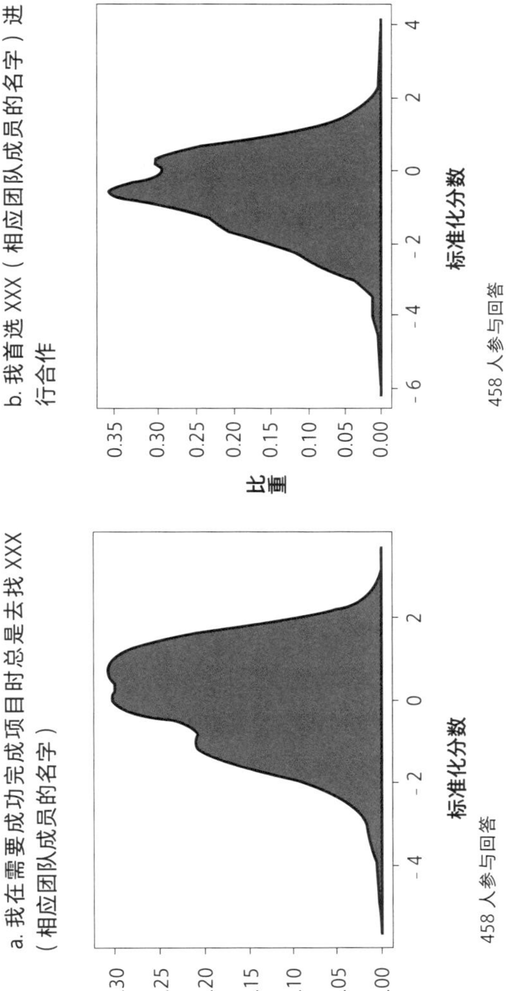

图 6-1　标准化分数分布情况

· · ·

本章开头提出，如何确保人才评估能够准确衡量自己的真实水平？如何确保那些关于你的薪水、工作内容、晋升和事业的决策是根据对你的真实深入了解得出的？

不过，其实你并不希望这种人才评估会议了解你的真实情况。

你不希望任何会议中的任何人摆出一副对你做出了可靠评价的样子，同样，你也很讨厌给自己的表现评分（你绝对不是3分，因为你不可能只是一个数字而已），于是你对那些大肆宣扬能够衡量员工本质能力的新工具不屑一顾。这些东西根本不可能呈现人的本质，只不过是给声称能够代表你的无效数据添砖加瓦。一切号称能够揭示你本质的工具都是骗人的。

你希望会议室里不要讨论真实的你，而只讨论真实本身。你不希望被妄图窥视人的本质的数据代表。你只想要简单的、可靠的、描述所在团队领导者对自己感受的数据。这种数据代表的不是你，也不应当假装是你，而是你所在团队的领导者，是领导者的感受和将来可能采取的行动。这就够了。

7

员工有动量

不要以“潜力”为标准将员工区别对待。

乔是个有创业才能的人。互联网发展早期，他率先创立了将导览性目录列表和地图测绘技术结合的黄页公司，还争取到一家风投公司的支持。根据惯例，投资者纷纷前来对当时在任的高管进行潜力评估，看这些人是否具备指引公司走向未来的潜力。很遗憾，乔被他们判定为没有潜力。乔在高中和大学阶段从未担任过学生干部，没当过班长，也没当过曲棍球队队长。看了他现在的工作和行事风格，投资者认为他缺乏描绘愿景、集结优秀人才建立团队的潜力。于是他们让乔降职为首席程序员，请来一位职业管理者领导公司。

乔在新岗位上的表现也不好。他会写程序，但写得很糟糕，其他更有经验的开发者要费大气力把他的代码拆分开。他写的代码太烂了，以至于公司产品的基础代码必须重写。由此，大家都认为，乔虽然很有干劲，但当不了公司的首席软件工程师——他没有足够的潜力。

由于职位降低，乔越来越沮丧，而且觉得投资者并不看好自己，于是等到公司被收购后就离职去建立自己的金融服务公司。他在新公司发挥自己一贯的作风，努力工作、努力前进、挑战一切，新公司逐渐发展扩张，被更大的公司收购。

收购方的领导者同样对他的潜力不满意，或者说感到迷惑，于是乔又一次离开，尝试在机械电子工程领域做点儿有趣的事。这一次，他的新公司成功与否尚无定论，账目上尚未显示实质收益，但在他的带领下，新公司目前聘用了几百名员工，正在研发创新产品。假如他没有做过自己以前的那些工作，现在这些新的职位和产品就根本不会存在。从这个意义来讲，乔正是符合我们期待的理想领导者：最大限度地发挥自己独特的强项，为所有人创造更好的未来。

乔的经历非常重要，因为本章讲的是未来——你的未来，你团队中每一个人的未来——以及各种大大小小的团队里被判定为没有潜力的人。他们被公司误解，被打上错误的标签，以错误的方式被管理，最终公司就永远失去了这些人才。

· · ·

花点儿时间想一想自己团队里的人。回忆他们的相貌和名字，想象他们现在怎样工作、喜欢怎样工作，他们擅长什么、不擅长什么、渴望得到什么。请你回答一个问题：团队成员之中那个人最有潜力？

作为团队领导者，你迟早会被问到这个问题，而且必须把答案放在用于人才评估的九宫格的“潜力”轴上。仔细思考这个问题，你很快就会遇到困难。你可能十分确定杰克今天的工作做得很好，却无法判断这能否说明他具备潜力。你可能确定吉尔同样做得很好，但也意识到她的工作与杰克的截然不同。如果说他们两人中有一个人很有潜力，那另一个呢？倘若潜力真的是一种普遍存在的品质，那么两个不同的人，各自从事不同的工作，他们身上的潜力该如何评估？

而且，假如吉尔目前的工作其实左支右绌呢？你可能会开始怀疑，目前的表现和将来的潜力之间是否能画等号，抑或是只有相关性，又或者根本毫无关系。也许你会想，吉尔身上可能隐藏着不为人知的潜力，能把别的什么事情做得非常好。不过，这个问题并不会困扰你很久，因为就像乔的例子一样，如果吉尔显得在某项工作上没有潜力，之后换一个工作也没有展现潜力，你就很难再说服自己相信她在另一个完全不同的职位上能够发挥潜力。她现在做不好，换个工作可能还是做不好，不是吗？

吉尔即使表现得不错，是个优秀的员工，也肯定希望应对难题、获得成长。于是你不得不开始考虑，把其他团队的其他工作交给她，她是不是也能做得一样好，甚至更好。如果吉尔问你，她将来的发展前景如何（她肯定会问的），你会立刻发现自己对此一无所知。你对其他团队的其他工作并不像对自己的团队这么了解，又怎么能知道吉尔是否有潜力做好那些事情呢？身为一名优秀的团队领导者，你非常了解吉尔目前的表现，因为现在你可以看到她的表现。但谈到她的潜力，就涉及你不甚了解的新领域了。

你意识到，你对吉尔潜力的衡量，或者说评价，很可能会影响她很长时间。对这一点，你可能感到恐惧。如果你对她的潜力给出很高的评价，那么你传达给其他团队领导者的信息就是，她现在是个“高潜力人才”。之后她不管走到哪里，身上都贴着这个标签。她会获得其他团队领导者更多的关注，得到更多机会、更多培训和更多投资。如果她的表现有所停滞，她也会获得更多的宽容。反过来，你会意识到，假如你对她的潜力评价不高，她就会被视为“低潜力者”，无论多么努力都很难甩掉这个标签。

你对吉尔潜力的评价，更准确地说，其实是你对她将来能够为公司创造多少价值的猜测。你的猜测会以各种方式创造她的未来。你要承担很大的责任。

吉尔也许意识到，接受新团队的新工作意味着接受另一场人才评估，于是她怀疑自己能否进入高潜力人才名单。她跟你一样并不知道潜力究竟是什么，只是努力做好每一天的工作。她知道潜力肯定是一种值得拥有的好东西，能带来各种好处，但实际上，她真正想知道的是自己现在的工作是否做得足够好。如果你对吉尔潜力的评价对她的事业发展有好处，那当然很好，但如果没有好处，或者被贴上"低潜力者"的标签让她将来难以获得帮助，那她就会很沮丧。这个评价对她的影响非常大。在某个时刻，吉尔一定会询问你对她的评价，你必须做出正确的判断，而要做到这一点非常困难，因为你内心深处明白，你其实根本就不知道潜力究竟是什么，也不知道应该根据什么线索和标准进行衡量。

这一点你等以后再担心。现在你环视四周，看到其他团队的领导者似乎都能很有自信地宣布团队中哪些人有潜力，于是你会把吉尔不可避免的疑问放到一边，拿出九宫格，努力正确地判断她，以及她的未来。

· · ·

当然，不能怪公司让你陷入这种压力巨大的局面。对每位员工进行所谓的"潜力"评估，就像本书前几章讨论过的做法一样，是良好（且必要）意图的产物。公司是一台巨大的机器，它希望能够让其拥有的有限资源发挥最大力量，因此十分关心哪些人值得投资、如何投资。

问题出在公司将良好意图付诸实施的方式上。比方说，公司为何认为只有特定的几个人能够带来好的投资回报？当然，"员工是我们最宝贵的资产”这种陈词滥调适用于公司全体员工。我们都知道，人的大脑在整个成年期一直保有学习和成长的能力。每个人的大脑成长速度和方式不同，但这只能说明每个人的学习情况不一样，不代表有人能学习、有人不能学习。因此，企业要想实现回报最大化，最好的做法是确定每位员工在哪方面、以何种方式能获得充分成长，而不是只挑选某几个人，把其他人晾在一边。

然而很可惜，公司错过了这种天然存在的多样性。他们认为过度多样化、个人化无法产生价值，认定最实用的方式是发明“潜力”这种属性，评估每个人的潜力，然后对高潜力者投资，减少对低潜力者的投入。“人有潜力”这个谎言，跟前面讨论过的所有谎言一样，是组织渴望实现全盘控制、没有耐心了解和应对员工各自独特性的产物。

你仔细想一想就会发现，“潜力”这一概念其实很奇怪。关于潜力究竟是什么，你能找到几百种不同的解释，不过《哈佛商业评论》的定义最为全面：

> 高潜力人才在各种不同条件和环境下的表现都始终远远超过同侪群体。他们不但表现出众，而且举止中反映了公司文化和价值观，堪称典范。此外，在他们身上还能看出很大的成长空间，在组织中的整个职业生涯都很成功，晋升速度和效率都超过同侪群体。[1]

这似乎是非常理想的品质。谁不想要“表现远超同侪群体”，不只是在目前的岗位上，还能“在各种不同环境下”表现出众，又能“反映公司文化和价值观”，有“很大的成长空间”的员工？

表现优秀、能体现公司文化、好学，而且在各个阶段都能取得成功，毫无疑问，我们都想要这种员工，这样的员工是每一位团队领导者的梦想。

可是，这个定义立刻就把你套住了。首先，你会觉得，即使你希望团队里有这样一个人，但你自己并不是这类人。思考自己的最佳状态时，你会想到自己喜欢的特定活动，或者自己擅长的具体技能，而这个定义却异常含糊，完全脱离实际工作。定义中的部分描述，似乎是指你可以在任何地方把任何事情都做得十分出色，“在各种不同的条件和环境下”。这不仅不可能，而且说得更确切一点儿，到底有谁会想要成为这种万金油？假如我们拥有这种品质，那就意味着我们不再独特，变成了没有意义的学习容器、一块白板，等待各种条件和环境来定义自己，擅长学习但毫无特色。这可太让人郁闷了。

这个定义不但空虚得让人不安，而且有一个有害推论，即所谓的“潜力”这种品质是一个人与生俱来的，在各种情况下都不会改变。不管遇到什么“不同的条件和环境”，高潜力人才都有特殊能力，能够更快地学习和成长，获得更多成就。高潜力人才就像是威利·旺卡（Willy Wonka）的金奖券，可以随身携带，让你拥有其他人所没有的力量和机会。

本书第 4 章辨析了人身上固有的“特征”和可以改变的“状态”。按照以上逻辑来看，潜力显然是一种特征，是不变的固有倾向。一些人拥有的潜力比别人多，而且无论到哪里都不会改变。[①]

---

① 不过我们可能会质疑，如果潜力是一种特征，不会改变太多，那为什么每年都要重新评估员工的潜力。

暂且假设潜力是一种特征，那么我们的第一个问题是，如何衡量潜力。前文提到，如果想衡量一种特征，我们不能让别人来评价，因为任何人都不可能足够敏锐客观，钻进你脑袋里数一数这个东西有多少。要衡量潜力，难点在于数量级更加复杂，因为我们不是让评价者评价你目前表现中的某一个特征，而是要做预测，预测你是否具备在将来做出成绩的能力。评价者根本不可能给出可靠的答案，因此评价者给出的一切数据都是毫无价值的无效数据。然而，看看吉尔的例子，这种无效数据却能够替一名员工构建未来。

可是，真的有东西可以衡量潜力吗？潜力真的存在吗？真的有这样一种特征，能够让幸运的少数人更快地学习成长，不受环境影响吗？高潜力人才在任何环境下都能靠潜力适应，进而取得成功吗？这种普适的潜力就像涡轮增压器一样，能吸收工作中的一切养分，将其转化为杰出表现？我们当真这样想吗？

这样的想法没有任何证据支持。一百年来，我们一直怀疑是否存在普适的智力，即难以捉摸的“g因素”。最后我们发现，即使这种东西存在，我们也找不到。当然，我们可以编写一套测试，可靠地衡量智商，但我们其实并不知道“智商”是什么——仅用这个属性似乎无法预测学习成绩、事业成就、健康或幸福感。[2]通过测试得出的智商只是一个测试分数而已。这个测试最大的用处似乎就是告诉我们，假如得分非常低，那么你可能有认知障碍，学习起来会比较困难。因此，智商测试的作用是预测问题，而不是预测成功的迹象。

同样，没有证据能够证明普适的潜力真的存在，反而有证据证明这种东西并不存在。我们知道，人的大脑成长是通过增加突触连接来实现的，每个人大脑中的突触分布各不相同，所以每个人的大脑成长方式都不一样。由此可知：（1）每个人都具备学习能力；（2）每个人表现的学习能力都不相同；（3）每个人都可以在任何领域有所进步，但无法重构自己的大脑，让自己在一切领域都表现优秀。简而言之，我们都可以变得更好，都可以以不同的方式、不同的速度在不同的领域进步。

· · ·

因此，世上不存在“有潜力”这个说法。即使存在，也没有任何意义。或者说，潜力只是生而为人的证明。你有潜力，只说明你有能力学习、成长、进步，每个人都是如此。很可惜，这并不能具体说明你能在哪个领域学习、成长和进步，也无法预测你的成长速度和成长环境。有潜力就相当于“你是人”这个事实，无法说明你是个怎样的人，无法说明你这样的人将来适合往哪个方向发展。所以我们根本不能用有没有潜力来评价你，不能把公司员工分为高潜力员工和低潜力员工，毕竟我们不可能评估你“像不像人”，把资源优先分配给“人类特质高”的员工，不怎么照顾“人类特质低”的人。

根据潜力将员工分类进行区别对待，对公司危害很大。不负责任地给员工贴上“高潜力”或“低潜力”的标签，是一件非常不道德的事。这种做法相当于给许多员工打上“不如人”的印记，而且这种印记不是根据对当前表现的评估，而是打分者对根本不存在的属性的胡乱揣测。这种对“根本不存在的属性”的评分，让一些人获得机会，让一些人获得名望，让一些人获得提拔和好运，迎接更光明的未来，另一些人则因此被贬低。这真是太可怕了。

这种做法对工作效率毫无帮助。要让企业这台“机器”高效运转，应当最大限度地调动其中的每一个人，而不是只调动其中一小部分人。“一部分人有很大的潜力，其他人没有潜力”这种观念，让我们看不到其他团队成员各自潜藏的各种可能性，但即使是初看之下不会对团队有什么贡献的人，也可能有自己独特的才能。假如对所谓的高潜力人才的作风抱有先入为主的观念，哪怕是像《哈佛商业评论》那样的详细描述，我们也会对团队成员各自不同的特质失去好奇心，不再关注他们每个人可能开辟的未来。

本章开头描述的乔的雇主正是如此。他们对高潜力 CEO 和高潜力工程师有一套预设标准，乔不符合这两套标准，他们就不再关注乔，对他失去耐心，让他降级、边缘化，巴不得他转投别处。

这些人真该感到羞愧。“乔”就是埃隆·马斯克。[3] 他的黄页公司被康柏（Compaq）以 3.07 亿美元的价格收购；他的金融服务公司 X.com 以 PayPal 的名字为众人所知，以 150 亿美元被 eBay（易贝）收购。这时候你可能会说：“没错，可是你有没有看到，他后来都做了些什么呀？”然后你摆出他被美国证券交易委员会（以下简称“证交会”）罚款、在直播间抽大麻，以及从本书撰写到被你阅读这期间他可能犯下的各种过错。而我们也会回答：“没错，可是你有没有看到他以前的成绩呀？”我们会给你看他再造汽车行业、振兴航天产业的实绩，还有他关于人工智能危机的警告。2018 年，马斯克被证交会指控后，《纽约时报》立刻发表评论，称“有了埃隆·马斯克，电动汽车的未来更辉煌”。[4] 的确，马斯克容易冲动，不甚完美，是那种最难打交道的领导者，但要是否定他的潜力，就会错失他具备的一切才能。他是个难以把握的人，在社交媒体平台 Twitter（推特）上言辞过激，但如果说他不是高潜力人才，那反过来也就说明潜力这个概念毫无用处。

· · ·

你所在的公司依然要求你评估员工潜力，团队成员还是会请你安排更有挑战性的工作，你究竟该如何是好？如何才能既满足公司要充分调动每一名员工的需求，同时又不按照高潜力、低潜力之类的标准对团队成员进行分类并区别对待？

你可以先去苏格兰北岸旅行一趟。想象一下，你居住在因弗内斯郊外的一个小镇上，开了一家热气球观光游览公司。公司发展得不错，可以让游客从高空俯视风景优美的苏格兰原野，你的团队里已经拥有 5 名优秀的热气球驾驶员。在一个细雨蒙蒙的午后，其中一位名叫莫琳的驾驶员来找你，她说：“我热爱现在的工作，但我还想继续成长。我希望不断接受挑战，充实自己的简历，做出更多贡献。我想开滑翔机，你能帮我吗？”

你会怎么回答？

我们只知道你不会怎么回答。你肯定不会说：“莫琳，你有足够的潜力吗？”你也不会说：“莫琳，你有成为滑翔机驾驶员的潜力吗？”你不会这样说，因为现实世界里的人不会跟别人说这样的话。

你会有意无意地向她提出两组不同的问题。有趣的是，这两组问题会让我们抛弃对一般潜力的认知，导向更加实用的概念，帮助我们了解莫琳，进而为她提供事业发展上的指导。

第一组问题，关注莫琳是个怎样的人。你会问她："你最喜欢现在的工作中的哪部分？你最喜欢驾驶热气球的哪些方面，是升空的兴奋、起飞的感觉，还是飞行时跟空气一样轻的热气球穿过寒冷的北风、调整火焰到达合适的高度，抑或是向乘客展示风景、讲解他们不知道的知识？"你会问她接下来想做什么样的工作，开滑翔机能给她带来怎样的乐趣。你可能还会问，对她来说"理想的工作"是怎样的。这些问题关注的是莫琳的性格，她喜欢什么、热爱什么、对事业有怎样的诉求。你希望通过这些问题，了解"工作中的莫琳"具体是什么状态。

第二组问题，关注莫琳一路走来的发展和收获。你会问她现在的表现：一个月内完成了多少次热气球飞行、搭载了多少乘客。你会问她过去的表现：她当驾驶员多久了，飞行时长和安全记录如何，驾驶热气球在指定范围内着陆的成功率有多高。然后是她的技能，你不会问她的360度测评得分（现实世界里没人问这个），而是会问她有没有热气球驾驶一级、二级、三级证书，有没有进一步拿到大型氢气球驾驶证书（你在心里悄悄把这个证书叫作"兴登堡飞船证"），有没有拿到滑翔机驾驶执照。这些问题会让你了解莫琳的事业发展，从可以评测的角度了解她达到了怎样的水平、学到了什么。

通过这两组问题，首先，你能了解莫琳在工作中是怎样的。这是她的特征，是她身上固有的、持续的属性，虽然不是一点儿都不会改变，但具备一定的稳定性。这是专属于她的热情与抱负，无论她走到哪里都会一直伴随着她，就像身体的一部分一样。这部分属性可以叫作她的“质量”。

其次，你会了解她在朝着某一个方向前进时学到的东西：现在和过去的表现，拿到的证书。这些东西可以改变，所以显然属于状态。但这些记录呈现了她的发展历程，让你了解她是如何做成某件事的、获得了怎样的成果、行动的速度和方向等，因此可以被视为她的“速度”。

在物理学中，质量乘以速度，会得到一个独立存在、可衡量、可定义、有方向的属性——动量。团队和团队成员也可以应用这个属性。莫琳拥有“动量”。

分别了解莫琳的质量和速度，用动量描述两者的结合，身为团队领导者的你就可以为莫琳提供实际的帮助。

首先，你要拒绝用潜力来把员工分成两类区别对待。“员工有没有潜力？”这个问题为公司提供参考（出发点是好的，但方向错了），对团队领导者却毫无用处，而且根本帮不上莫琳的忙。因为莫琳知道，问题不在于自己能否学习和成长，而在于如何学习、效率怎样、往哪个方向发展。“潜力”可能只有一部分人有，但“动量”是每个人都有的。有的团队成员可能更强势，或者速度更快，或者方向不同，但每个人都有自己的动量。问题并不在于你自身是否拥有动量，而是目前、当下你的动量有多少。

其次，你可以向莫琳传达一个实实在在的信息：此时此刻她具备的动量的速度与轨道，是可以了解、可以改变并由她自己掌控的。跟莫琳一起讨论她具备的动量，你就可以帮助她了解她当前所处的位置（而不是给她分类、把她放进九宫格的哪个格子里），这样一来，她就会明白下一步可以怎么走。她的事业在特定轨道上以一定的速度向前发展，她可以在你的帮助下评估自己取得的成绩、喜欢和讨厌的事物、技能和知识，寻找可能加快速度的地方，或者对轨道稍加调整，乃至尝试飞跃。潜力被视为一个人身上固定不变的属性（高潜力或低潜力），而动量从定义上讲是始终在变化的。莫琳可以按照自己的想法改变速度或方向。

接下来，你要帮助莫琳辨别一下，她目前事业的哪些部分源于自己原本具备的特征，在任何情况下都不会改变，哪些部分源于环境，可以根据她的需求而改变。我们都很熟悉自己的表现，而且有时在事业追求上会受到误导，因此这种细微而具体的分析可以有效地防止莫琳在事业发展上考虑不周。

最后一点，从动量方面理解莫琳的事业，不只对她本人有好处，这样做还能让她所在团队的领导者（也就是你）摆脱沉重的负担，不必再根据原本并不存在的“潜力”概念决定她的整个未来。

“人有潜力”这个看法没有依据，或者说没有什么用处。真相是，人有动量。

潜力是一种单方面的评价，而动量是持续进行的对话。在重视“潜力”的世界里，一旦莫琳被划为低潜力员工，你很难想象她还能找领导者就今后事业发展进行怎样的讨论，而“动量”恰恰与“不进则退”的思路相反。而且这个概念可以对应这条关于员工投入度和表现的调查问卷陈述：“我在工作中经常碰到难题，可以借此获得成长。”潜力无法做到这一点，潜力不会让你碰到难题、获得成长，只会告诉你，你能够成长，或者无法成长。

强调员工的潜力，会让员工觉得自己被随便应付了，而强调动量则会让他们觉得获得了理解。更重要的是，动量这个概念鼓励员工考虑自己当前的处境（不是作为一个静止不动的点，而是一个有目标地行动着的人），继而帮助员工了解自己。

· · ·

但如果现实中真有这种关于未来的坦诚对话，我们也许会问，为什么我们会陷入古怪的、人为制造障碍的潜力理论。就像前面几章讲的，“人有潜力”这个谎言又是一个原本有特指、有实用价值的思路被泛化、失去价值的例子。例如，要是问莫琳有没有具体的某项潜力完成某项具体工作，那就完全没问题。但如果将莫琳的潜力与某项具体需求、某项具体工作的表现分离开来，不再关注莫琳的个人特征、目标以及这些因素对她下一步动作的影响，将她的潜力视为一种抽象、神秘、关乎本质的属性，单独抽离出来用于对她整个人做出评价，就会陷入谎言。我们倘若以提升可预测性、加强对组织的掌控为名，通过人力资源管理流程和体系，将这种思路嵌入组织制度，就会发现我们为了组织内部的一致性而牺牲了常识和人性，因此激怒员工也在情理之中。我们也许还会发现，我们建立了一个充斥着偏见和自我投射的系统——那些被我们判定为“最有潜力”的人，行事必然与我们自己相似。

人力管理工具和流程不可能弥补团队领导者的欠缺之处。我们也愿意相信，即使团队领导者忽视你，你也会获得同事的反馈，了解自己的表现；即使领导者从不过问你的事业发展，人才评估也会给你一些相关的建议。可是，前文已经讲过，这些常见方法有各种缺陷，而且一切大规模的评估体系都不可能完全复制团队领导者给予成员的个别关注。重申一遍，团队是我们的容身之处，团队领导者可以给我们带来好的体验，也可以破坏这种体验。与其投资建立相关体系和流程来弥补团队管理者的欠缺，不如利用这笔资金帮助领导者满足团队成员的需求，具体方法是：第一，不再评估“潜力”；第二，让团队领导者学习和了解人类成长的本质；第三，引导领导者从动量的角度与员工讨论事业发展，即与每位员工讨论他们自己的特征，以及他们的“移动”速度。当然，比起花钱购买最新的企业管理软件，恳请员工使用，动量评估这种方法更难一些，但这是应当去做的困难之事。

因为团队员工一旦理解了现实世界中的事业是如何构建的，就会逐渐建立和安迪一样的思路。

安迪是思科的一位团队领导者，前不久开始帮助每一位团队成员探讨他们的未来发展。他首先让员工想象自己的理想职业——换句话说，仔细思考自己的抱负，然后搜索全球职场社交平台 LinkedIn（领英），在现实中寻找能够实现抱负的机会。安迪让员工两人一组，用两个小时在 LinkedIn 上搜索接近自己理想的职位，不限公司、行业和具体工作，与搭档一起确定一到两个最让自己兴奋的职位。

随后，安迪让员工分析这些职位要求的技能、经验和资格，对比自身条件，找出自己还需要提升的地方。

换言之，安迪并没有评估员工潜力，然后将他们分成能够成长和无法成长的两类，而是帮助每位员工明确自己的特征和目标（也就是“质量”），明确自己已经具备和希望获得的可衡量技能和经验（也就是“速度”）。他预设：每个人都拥有“动量”，而帮助员工确定如何引导动量则是他自己的职责。“我觉得我们的团队成员身上还有很多能量没有发挥出来。”安迪告诉我们，“很多人只需要获得合适的环境、合适的项目、合适的客户——不管是什么，我们都可以努力找到让他们充分发挥能量的因素，将他们的才能引导出来。”

这项工作取得了非凡的成果。安迪向我们解释道：“我们环视房间里的其他人，意识到我们的事业发展不仅限于思科，我们可以按照这几个步骤继续探索，在专业人才市场中明确自己的定位。”不仅如此，团队成员在他的鼓励下将许多自己想要学习的技能融入了当前的工作，于是每天的工作都可以帮助他们学习自己希望获取的技能。“这样一来，我们交流的性质就改变了。”安迪说，“从起先的如何获得一份工作，变成了如何将自己打造成力所能及范围内最优秀的专业人士——在团队中更好地发挥作用，同时也为自己打造可转换的技能。”

这当然是所有真正重视引导员工发挥才能的公司都希望实现的状态。

最重要的是对工作的热爱

在工作中找到热情，比追求工作与生活的平衡更重要。

工作太辛苦了。你每天都有很大的压力，要应对绩效评估，要实现个人目标，要赚钱养家，要研究如何以正确的方式争取职业发展、赚更多的钱。你总是悬着一颗心，生怕公司调整业务结构，将你负责的工作转为外包，或者找到能够取代你的更快、更好、更便宜的智能机器。除此之外，还有你不得不与之共事的人，那些无时无刻不在变化的人，一些同事跟你坐在同一个办公室里，还有些人在地球的另一边，你要跟他们合作，但不了解他们的动机和工作方法。通勤也很难，每天在飞机、地铁、高速公路上，跟其他同你一样焦虑的公司职员开战，每个人都行色匆匆，堵塞城市的动脉，推高你的压力等级。通勤单程 45 分钟、一个小时、一个半小时，这就是你每天工作生活的起点。如果你供职于大型咨询公司，那么你还必须赶往客户公司，可能还要坐两个小时飞机。回家的路上，你可以抽空暂且舒缓压力，一回到家，匆忙与家人吃过晚饭，你就又要拿起手机，应对晚上追击而来的邮件和信息，希望能赶紧处理完紧急的工作，免得明天早起淋浴之前还要赶工。

工作太辛苦了。医生的工作尤其辛苦。我们可能会觉得医生比其他职业好得多，毕竟医生劳苦奔波是为了真正有意义的事——假如思考过自己对工作的诉求，我们就会知道，我们迫切希望为工作赋予意义和目的。在我们的想象中，医生虽然要填写各种表格、处理各种文件，但也会看到自己负责的患者一个个获得治疗、逐渐恢复健康，这一切全靠医生的专业技能和辛勤付出。假如我们也像医生一样能经常清楚地看到自己工作的意义所在就好了，假如我们能从事自己热爱的工作就好了。

可是，看看数据，现实并非我们想象的那样。医生虽然有纯粹的工作目标，却似乎比我们其他人更加辛苦，或者说，他们感受到的辛苦更加强烈。梅奥医学中心（Mayo Clinic）近期的一份报告显示，52% 的医生表示自己感到倦怠，出现 PTSD（创伤后应激障碍）的比例是 15%，相当于其他职业的 4 倍，比经历过伊拉克战争的退伍军人还高 3 个百分点。[1] 医生压力水平如此之高，自然会对患者照护和医生自己的生活造成可以量化的负面影响。梅奥的调查发现，医生职业倦怠比例提升 1%，患者满意度就会随之降低 20%~30%。不仅如此，更令人担忧的是，15% 的医生在职业生涯中有烟酒等物质滥用问题，美国医生的抑郁率和自杀率是全美国平均水平的两倍。

根据医生自己的见解，他们觉得情况只会越来越糟。梅奥的研究表明，80% 的医生认为医学界正在走下坡路，60% 的医生在从业期间会经历与职业相关的法律诉讼，还有一个最有说服力的数据——73% 的医生不会推荐子女学医。因此，倘若现状无法得到改善，到 2025 年，美国的医疗人员缺口会超过 2 万。

数据告诉我们，唯一比医生更辛苦的职业是急诊护士。急诊护士的职业倦怠比例和抑郁率比医生更高，PTSD 比例为 19%，接近战争退伍军人的两倍。

医学界对这组数据十分重视，投入大量时间和资金开展研讨会、研究和实验项目，以期明确工作如此令人倦怠的原因及其解决方案。

主流的结论并不新鲜。各个医疗机构开展研究的具体方法和重点虽然有所不同，但大部分研究项目的基本假设都是，如今的医生和护士工作辛苦不可避免，因此，意识到这一点的医院应当尽其所能，帮助医护人员从工作压力中恢复精神，设法将每周工作时间限制在60个小时以内，在一定程度上防止压力长期累积。一些医疗机构设置冥想室供急诊室的医护人员使用，另一些医疗机构提供电子记录的支持，还有一些机构每月拨款供医护人员与家人同事外出就餐。

医疗从业人士承担着巨大的压力，由压力引起的一系列问题成为职场问题的一个极端案例。我们的亲身经验告诉我们，工作就是艰苦跋涉，是压力源，会耗尽我们的精力。我们一不留神，工作就会引起身心疲惫、精神空虚、抑郁和职业倦怠。工作是一场交易，我们付出自己的时间和才能换来金钱，购买我们喜欢的东西，支持我们所爱的人。我们在工作这场交易中获得的“薪酬”（compensation），跟我们因为受伤或被侵犯权益、依据法律获得的“补偿金”是同一个词。薪酬的意义不只是钱，而是对工作带来的损害的补偿，是让我们继续咬牙忍耐的一种激励。

工作甚至会干扰工作本身。比如我们要处理非常重要的事情，却发现在日常的烦琐工作中很难实现，于是我们特意去公司以外的其他地方专门举行高管会议，摆脱日常工作的噪声和压力，更好地集中处理其他工作。

工作会造成如此恶劣的潜在影响，那么为了防止我们被工作榨干，一个显而易见的防范措施就是，用别的更好的东西来平衡工作——用生活来平衡工作。

我们在工作中迷失自我，在生活中重新找回自我。我们在工作中求生，在生活中生活。工作把我们掏空，生活重新让我们变得充实。工作令我们枯竭，生活则让我们恢复。

对于工作问题，大家给出的答案似乎就是，用生活去平衡。

当然，我们在这里将问题简化了。有人在工作中获得极大的满足感，也有人在工作以外过着压力巨大的生活。我们也知道，一些工作本身就艰难、乏味无聊。没有哪个人的工作或生活是完全快乐、完全可控的。

尽管如此，目前普遍的观点依然是“工作是坏的”“生活是好的”，因此“工作与生活的平衡是非常重要的”。“公司是否支持工作与生活的平衡”与“公司文化是怎样的”一样，在“求职者面试问题”清单上名列前茅。这也解释了在如今紧俏的人才市场上，公司为何纷纷强调可以提供干洗、银行和育儿服务，以及静修室、按摩椅、午睡舱和高级班车等设施。提供这些服务的用意是好的，员工也非常看重这类福利，然而与此同时，这种做法也巩固了一个认知：工作这个砝码十分沉重，好的组织会尽其所能减轻其重量，好让工作与生活的天平恢复平衡。

出发点是好的，但问题都出在“平衡”的概念上——这个概念由来已久。

如果你去西班牙探险者为支持圣芭芭拉教堂而修建的圣芭芭拉要塞（Presidio of Santa Barbara），你会看到墙上有要塞队长向他在墨西哥城的领导者列出的物资清单。清单落款日期是 1793 年，其中有“2 磅金线，用于肩章”“两顶獭皮帽，一黑一白”，还有“4 磅玫瑰油，3 盎司[①]加拉帕粉，2 盎司无硫水银，一盒 12 个装满无籽脱脂棉的玻璃吸杯”。

这里面有些东西可以用来做甜点或者喝茶，但主要目的并不在此。从古希腊医师希波克拉底到 19 世纪中期的现代医学，我们

① 1 盎司约为 28.35 克。——编者注

对“身体健康”的概念都建立在“平衡”上。希波克拉底提出，人体含有 4 种体液——黑胆汁、黄胆汁、血液和黏液。每个人体内这 4 种体液的比例有细微的差异，因此我们有不同的性格（冷静不冲动的人体内黏液含量高，安定乐观的人体内血液含量高），健康的人身体里这 4 种体液保持着完美的平衡。

体液平衡出了问题，你就会生病，医生会让你服用无硫水银清除黏液，或者用吸杯吸出一些血液。体液恢复平衡，疾病就会痊愈，身体就会恢复健康。圣芭芭拉要塞墙上列出的物资，就是用来做这种治疗的。

久而久之，这种强调物理平衡的主张蔓延到精神层面。例如，如果你是个急性子，那就说明你体内的黄胆汁不平衡；如果你太懒，那就说明你体内的黏液太多。随后，这种平衡逐渐成为对整个物理世界的解释。4 种体液的形而上学外延是土、火、水、气 4 种元素，人们认为这 4 种元素相互平衡，能达到和谐的境界。

这样的历史说明，我们人类长久以来一直热衷于追求平衡。对我们来说，平衡似乎就像合适、崇高、明智、健康一样，是每个人都应该努力追求的状态。而且我们可以推测，达到平衡十分困难，这一点更增加了平衡的吸引力——就像努力弥补过错一样，总是在进行，但很难真正实现。你为此努力过，对不对？你尝试在自己、家人、朋友、同事、上司和所在社区的需求之间寻找平衡。你意识到这些利益群体各自对你有不同的要求，常常相互冲突，你很难对所有需求都予以充分关注，在照顾各方需求的同时兼顾自己。你坐在车里进行电话会议，用口型对坐在后座的孩子说“抱歉”。你说服自己，在假日没能跟家人一同外出是因为其他团队成员都上线工作了。

你承担了“拓展”任务，因为这样可能有助于晋升（仅仅只是可能），或者至少能让你拿到奖金，这样一来你就能为家人提供更好的住房。可是由于现在你要承担更多的工作，牺牲更多休息时间，你发现自己无法参加孩子的家长会，无法参加侄子的婚礼，没有时间再上管理学网课，因为生活就是妥协，你不得不做出妥协。

你发现自己像马戏团的小丑一样在转碟子、抛三个球，或者说拆东墙补西墙，反正就是这一类的比喻——你非常了解那种要处理来自各方的各种要求、时间根本不够的感觉。你告诉自己，如果能让碟子一直转、球一直在空中、墙上不要留缺口，自己就可以把精力和注意力分成几份，让工作和生活中的每个人都不会感到被忽视。这样一来，即使你无法满足所有人的一切需求，至少你的不懈努力能够带来相应的成果。

但在现实世界里，不管是男人还是女人、年轻人还是老年人、生活富裕者还是勉强维生者，有没有哪个人真的找到了平衡?

即使有，我们也从没遇到过。这正是平衡概念弊大于利的原因。在现实中，追求平衡就像是一种临时治疗，用栅栏阻挡外界对我们时间的无休止侵入，阻挡公司希望我们承担更多工作的冷酷期望，同时又担心其他人有更好的处理方式。临时治疗当然必不可少，但显然还不够——它把麻烦阻挡在外，却让我们失去自我。所谓平衡，终究是一个无法实现的目标，因为这要求我们在不断变化的世界里追求静止。我们也清楚地明白，假如能在某个瞬间让所有事物达到完美的平衡，也一定会有其他事物出现，打破平衡，然后我们就要重新将“平衡”这块石头推上山。平衡这个看似完美的理想抹除了我们生而为人的特性和诉求，代之以西西弗斯式的应对策略。

那么我们究竟应该怎么办？工作可能很辛苦，生活亦然，两者都要占据大量时间。如果说追求平衡无法解决问题，那我们应该怎么办？

我们需要新的思维方式——对工作的，以及对生活的。

· · ·

在本书中，我们寻找答案的方法是尝试审视世界原本的样貌，而不是一味关注自己对世界的期望。有些东西乍一看似乎是达到平衡所必需的元素（比如人体的酸碱性、胰岛素水平），但再仔细观察就会发现，并非如此。如今我们知道，所有物质都由成千上万的微粒组成，而不是4种元素，我们知道这许多微粒之间的平衡远不如它们之间持续变化的关系，以及关系变化产生的生物、化学、物理作用重要。只有能够持续从外界摄入物质、进行新陈代谢、产生有用的东西，才能说是“健康”。生物的健康在于其动态，而非平衡。

人体同样有着这样的动态过程。你和你的生活没有达到平衡，也无所谓平衡。你是独一无二的生物，以可持续的方式从外界摄入物质，进行代谢，产生有用的东西——至少在健康状态好、充分发挥才能的时候，你是这样的生物。健康的时候，你与世界进行着交互作用。世界从生活的各个方面向你提供原材料，包括活动、情景、成果。一部分原材料能够鼓舞你，给你能量，如果能找到这类原材料，持续摄入并保持产出，并且通过产出获得更多能量（而不是损耗），你就能处在最健康的状态。

我们应当努力实现的不是平衡，而是这种状态。这种状态叫什么?

在希腊语里，这种状态叫作“eudaimonia”，意思是“在最积极的状态下体现的最充实、最纯粹的自我”。希腊人认为每个人都有灵魂（daimon），它体现了我们独一无二的最佳可能性、与生俱来的才能和强项，而每个人都应当追求的状态是：自己的职责、技能、团队和所处环境实现令人满意的交集，充分发挥才能，实现产出，解放灵魂。

我们可以遵照希腊人的这套理论行事。所以让我们来探讨一下这种状态在现实世界中具体是怎样的，看看它能不能帮助我们找到贴近现实的解决方案，毕竟这个忙碌纷扰的世界好像不怎么关心你独特的灵魂。

生活在英国的迈尔斯是一名医生，说得具体一点儿，他是麻醉师，负责让你入睡再将你唤醒。他喜欢这份工作，已经干了20年。成千上万的医生苦于职业倦怠，但迈尔斯似乎一直乐此不疲。

我们对他进行了采访，希望了解这位在美国普通国民医疗服务体系中的教学医院工作的普通医师是如何达到其他许多同行无法达到的状态和心境的。我们发现，迈尔斯并不喜欢病人，更具体地说，他不太会通过帮助患者恢复健康这件事获得动力。

以下是关于这一发现的采访节录。

作　者：迈尔斯，工作上有没有什么事让你感到失望、疲惫?

迈尔斯：工作时长以外的?

作　者：对，工作内容本身的。

迈尔斯：啊，我真心不喜欢后续跟进。

作　者：什么？

迈尔斯：就是说，我真的很不喜欢在手术后再跟患者见面，查看他们的状态，确认恢复情况，建议一些自己在家就可以完成的缓解症状的方法，过段时间再跟他们见面跟进。我一点儿都不喜欢干这件事。

作　者：（停顿）但这不就是医生的本职工作吗？

迈尔斯：对我来说不是的。

作　者：为什么不喜欢这件事？

迈尔斯：因为压力。

作　者：压力？

迈尔斯：对，要让他们逐渐恢复的压力。我的意思是，假如他们没能逐渐康复呢？人体是一个复杂的有机体，每个人的身体状态都不一样，变数太多，还要结合患者的生活方式、生活环境、心理状态、运气，谁知道他们有没有真的恢复健康。对我来说这个压力太大了。

作　者：原来如此。

就是这样，一位非常成功且快乐的医生告诉我们，他工作上最大的压力来自确认患者是否康复。我们读到的关于医生工作满意度的一切资料都在讲，医生跟其他所有的专业人士一样，从探索原因开始，通过实现目标（即让患者康复）获取大部分工作满足感。而迈尔斯的想法恰恰相反。于是，我们接着往下问。

作　者：那你能告诉我们，这份工作中让你快乐的是什么吗？

迈尔斯：当然可以。首先，我爱压力。

作　者：什么？你不是刚说过你不喜欢压力吗？

迈尔斯：不，刚才我说的是我不喜欢让患者逐渐康复的压力，但我真的很喜欢那种麻醉时让患者徘徊于生死之间的紧张感。人类至今依然对麻醉的作用原理知之甚少。我刚开始工作的时候，麻醉用的是硫喷妥钠。如今大家都用异丙酚，迈克尔·杰克逊用的也是这个，这种药比硫喷妥钠好得多。但没有人真正了解这些麻醉剂的作用原理。这两种药似乎都是减少血液系统中的无机物，在保证心脏不停跳的前提下让你入睡，但我们还不知道它们各自的原理。要让人入睡并保持沉睡、停留在生死之间，有时候需要让这个状态持续16个小时，而我们居然不完全明白这是怎么做到的——我太喜欢这种紧张感了！

作　者：你一直喜欢这种紧张感吗？

迈尔斯：对，从一开始就喜欢。你让人失去意识，然后再唤醒他们——有些人很讨厌这个，但我一直很喜欢。我有点儿像那种追求刺激的人，喜欢在有鲨鱼的地方游泳、高空跳伞之类的事情，麻醉工作中的这部分真的让我很兴奋，让我精神抖擞。

作　者：还有什么其他你喜欢的吗？

迈尔斯：嗯，坦白说，还有这份工作承担的责任。和美国、加拿大的要求不同，英国的麻醉师必须了解每位患者全身的状况。外科医生可以修复心脏血管，脑科医生了解大脑的结构，普通外科医生熟悉人的内脏，但这些重要科目都非常专业化，只集中研究某一个方面。麻醉师则必须了解整个身体——呼吸系统、循环系统、消化系统，身体的一切。各方面的状况都会影响麻醉效果，影响患者入睡的状态。因为患者失去意识之后，身体状况还会有波动，我的职责就是替患者调整状态，要了解他们全身的状况，让他们保持睡眠状态。当麻醉师就像是驾驶飞机，一个错误就可能导致恶性循环，再犯一个小错误，状况会变得更糟糕，搞不好你就会发现患者状态越来越差，最后无力回天。我热爱这种责任——手术室里有12个医生，全都仰仗你对患者身体的了解和掌握。

作　者：听起来太吓人了。

迈尔斯：不吓人，真的爽。我每天都很享受这种感觉。

不知道你做何感想，我们像每一次采访在职场中获得成功的人一样，专心倾听，完整记录，之后进行深入思考。

我们得出的结论与之前的一致，即推测人们对自己工作的感受的理论模型很少会符合某个人的真实感受。迈尔斯是一位优秀的医生，他讨厌帮助患者康复的压力，热爱当患者处在生死之间时，他却不完全清楚自己工作原理的那种压力。也许有人会批判迈尔斯，“每个医生都应该喜欢那种看着患者逐渐恢复健康的感觉，那毕竟是医生这一职业的目标”。但这种评判有什么用呢？迈尔斯就是迈尔斯。他不仅清楚自己为什么要当医生、为什么要当麻醉师，还很明确自己具体最喜欢工作中的哪些方面。不管别人如何评判，我们都知道自己希望让怎样的医生来给自己进行麻醉。我们想找一位能从工作中获得巨大乐趣的医生，他对自己职责的精微复杂之处着迷，而且能从让我们徘徊于冥界河畔这件事情中获得动力。我们需要迈尔斯这样的医生。

毫无疑问，你也一样。

真希望你能亲耳听到我们的采访，当时迈尔斯说话的声调和整个态度都跟平时不一样。他详细讲起工作中自己所爱之处，你就能感受到他处于很特别的状态，他真心感到快乐，体现出“好的灵魂”。真希望所有医生都能体会到那种感觉。

希望你对自己的工作也有那种感觉。你自己一定也希望如此。听到迈尔斯这样的人说话，你就会希望有朝一日自己也能对自己的工作产生他的那种热情。他在工作上也会有艰难、疲惫和伤心的时候，但你能感受到他的快乐，你也想亲身体验一下。你也想这样热爱工作，想在工作中找到热情。

然而，在产生这个念头的一瞬间，你就觉得太蠢了、不现实，又立刻打消了这个想法。随便在网上找一个名校毕业典礼的视频看看，或者跟导师吃顿饭、推心置腹地交流一下，你肯定能听到“做自己热爱的工作，人生就不会再为工作所苦”之类的建议。听到这种建议，你会感到沮丧。这个思路似乎很有道理——做自己喜欢的事当然好了，不是吗？可在如今这个时代，这好像遥不可及。只有运气特别好的人可以靠自己喜欢的事情谋生，但对我们大多数人来说，工作是必须要做的，热爱只是额外（且稀少）的奖励。

不过，再深入考虑一下吧，仔细思考“热爱”。我们不是让你逃避工作的严酷现实，也不是要反驳由可靠数据得出的结论，而是深入发掘热爱和工作这两者。我们要分享一个结论：比追求工作与生活的平衡更重要的，是工作中的热爱。

工作中的热爱，这个词没有那么生僻拗口，但听起来好像软绵绵的，过于理想化，距离开明领导者的实际工作非常遥远。倘若你有这样的感受，请你接着往下读。“工作中的热爱”，不是简单的“做自己热爱的事”，而是在自己所做的事情里找到热情的能力，这种能力可以指引我们走向务实。

· · ·

表面上，组织并不关心员工对工作热爱与否。美国西南航空公司在飞机中间贴个心形标记，Facebook 声称公司使命是“传递爱”，但这两个例子跟其他许多公司一样，所谓的爱指的是客户，不是员工。大多数组织关心的是更重要的指标：业绩、目标、成就、纪律、执行和严格管理。把这些方面做好，在规定期限之前保证质量完成任务，或许可以顺便给出一点儿热爱。

如果你正是这样看待自己所在的组织，而你的组织也正是这种态度，那么你和组织都搞错了。事实上，再怎么不讲情面、看重结果的组织，也都希望员工在工作中找到热情。只不过每个组织都不会这样表达出来。

你有没有过深爱的感觉？回忆一下，当你深爱着某人时，你迫不及待地想见这个人，觉得与对方共度的时间过得飞快，分开之后又迫切地想再见到对方。

恋爱中的你完全是另一个人。透过恋爱的玫瑰色镜片看世界，一切都变得可爱了。每个人都很好看，世界充满善意和快乐，空气里都飘着春天的柔和香气。恋爱令你雀跃不已，让你如沐春风，最大限度地提升效率、创意、慷慨、韧性、合作精神，让你坦诚开放，充满力量。恋爱中的你简直优秀极了。

再看看这一连串词：效率、创意、慷慨、韧性、合作、开放、力量。这些不仅是你希望自己拥有的，也是伴侣或家人希望你拥有的，更是你所在公司的CEO希望每一位团队成员都具备的。把“恋爱中的你”的特征跟CEO的“理想员工”特征列在一起，你会发现两份清单一模一样。

但即使把这些特征写下来，你也并不会感受到它们在自己身上有所体现。同样，公司在培训课程中与你讨论以上特征，也无法将这些特征真正赋予你。你（以及公司里的其他员工）获取这些理想特征的唯一方式是由你自己来实现，而实现的唯一途径就是爱。诗人巴勃罗·聂鲁达写下爱情诗：“我想对你做，春天在樱桃树上做的事。”这就是爱的力量。爱让你开花，让你茁壮成长，让你满怀憧憬，在做自己喜欢的事的时候觉得时间过得飞快，之后又迫不及待地想再开始。此时你正是在体验积极幸福感，你的灵魂展示出最充实、最美好的一面。组织就希望你表现这种状态，你也希望自己及员工表现这种状态。你想要爱。

许多组织羞于谈爱，于是采用更加符合商务措辞习惯的字眼，比如投入、动力、积极自发地努力等。（或许现在你也默默希望我们别再用“爱”这个词了。）然而在现实世界里，我们必须直面现实，对员工期望的描述不能打折。我们希望员工积极成长，希望员工富有创意、满怀好奇、慷慨大方且具有强大的适应能力，那么就要帮助员工找到迈尔斯体会到的激情。对工作的爱的确存在，我们应该使用这个词。我们应当积极探索如何让每个人都找到这份爱。要接受现实：组织不可能替我们找到爱，也无法为我们定义爱。长久以来，我们放任组织擅自挪用爱、热忱、激情、兴奋这些富有人性的词语，并且盲目地相信，用了这些词就能激发真正的人类感情。事实上组织根本做不到这一点。组织只是虚构物，用第 1 章的术语来讲，是“主体间现实”，其真实程度和人性程度都不足以令其了解工作中哪些活动是你所爱的。知道自己热爱什么的只有你自己。只有你足够接近和了解自己，能像迈尔斯那样具体地知道自己在哪里能找到激情，在哪些方面没有热情。迈尔斯其实是在说，“我喜欢的是这件具体的事，不是那件具体的事”。无论是在聘用他之前还是之后，都没有人会知道他这方面的喜好。这是他身上超越其他人认知范围的特质，只有他自己知道。

你也一样。你身上有组织永远无法触及、无法得知、无法看到、无法感受的部分，而正是涉及爱与情感的这部分让你在工作中感到自己充满活力，为工作而快乐，表现得非常好，超出团队预期，而且让你由内而外焕发光彩。

组织并非无能为力，但组织的能力（以及“组织”这个名称）源自其能够将已然存在、一目了然的因素组织到一起。组织如果不加以留意，可能会忽视员工个人的灵魂，对你的灵魂造成损害。只有你自己能够让灵魂焕发活力，将热爱带到工作之中。

做到这一点会有很多好处。梅奥医学中心以定量方式评估“热爱工作”的力量，他们询问医生在工作中有多少时间在做自己最喜欢的事。其中，表示自己至少有 20% 的时间在做热爱之事的医生出现职业倦怠的风险大幅度下降，这 20% 的时间比例每降低 1%，职业倦怠风险就以接近线性的同等程度提升。医生工作中的热爱越少，工作就越让人烦躁，最终造成伤害。

· · ·

如此说来，我们的大问题就是如何在工作中找到热爱的事。不管是叫“热爱工作”还是叫“积极幸福感”，或是叫别的什么名字，工作之所以叫工作毕竟是有原因的，你的工作繁忙而重复，更重要的一点是，它并非始终由你一个人决定。你有一份特定的工作，要达成特定成果，为此承担特定责任。这跟爱有什么关系？

梅奥医学中心的研究表明，这跟爱有很大的关系。不管从事何种工作，你都可以而且应该将爱融入工作。你可能觉得奇怪，不过数据还表明，对我们大多数人来说，工作没有爱，问题并不在于工作方面的限制，而在于我们自己无法为工作注入爱。ADP 的全球工作投入度调查表明，只有 16%~17% 的员工说自己每天都有机会发挥强项，而针对美国就业人口的取样调查中，72% 的人表示自己“拥有根据自己的强项对工作职责做出相应调整的自由”。心理学上把这叫作态度和行为的一致性问题——我们知道自己可以调整职责，让工作更加适合自己，但大部分人并不采取行动。

下面介绍一个解决问题的方法，教你有意识、负责任地将爱注入工作。

想想你知道的最成功的人。所谓成功，当然不是说钱，而是这个人对自己所在团队和组织的贡献——非常高效、有创意、有韧性而且似乎很享受工作的一个人。你很可能觉得这个人是运气好。“她到底是怎么找到那个职务，找到那份工作，找到那样的人生的？”你心里想，“真希望我也能像她一样找到适合我自己的工作。”

如果你真的这样想，那么首先，你的发现很独特、很宝贵，这很好，但其次是你用错了词。这个人并不是“找到”这份工作，不是碰巧遇到了一份非常适合自己的工作，而是“创造”了这样的工作。她接受了一份普通的工作，职位描述也很普通，然后她在工作中认真对待自己的热情所在，一点一点把自己最喜欢的部分发展成工作主要内容——或许不是全部内容，但肯定占了很大一部分，让工作成为她自身的体现。她不断调整这份工作，直到工作能够充分符合她的特点，成为她的个人表达。

你也可以做到。

每年安排两次与工作“恋爱”，每次一周。挑选工作中普通的一周，随身带上记事本。在记事本中央画一道竖线，分出两栏，一边写上“热爱”，另一边写“讨厌”。[①] 在这一周里，如果感受到热爱的迹象（在开始做某件事之前就很期待；在真正开始做之后时间过得很快，而且自己处于“心流”状态；在结束之后期待下次），那就把这件事情详细记录在“热爱”一栏。

如果有相反的感受（在开始做之前就拖延着不想做，可能会找借口推给新人，美其名曰为了“帮助新人成长”；在开始做之后感觉时间过得很慢，只过了10分钟就像已经辛苦了1个小时一样；在做完之后你希望以后再也不用做了），就把这件事情在“讨厌”一栏中大致记录下来。

显然，一周里肯定还有很多活动不在这两栏里，但如果你这样花一周与工作恋爱，到了这周结束时，你会发现“热爱”一栏

① 我们在世界各地分享这个方法并发现，不是所有语言都以同样的方式使用“热爱”和“讨厌”这两个词，比如荷兰没有表示“爱”的单词。所以要明确一下：这个方法的关键是把握自己对工作的强烈积极情感和消极情感，用你觉得合适的词就好——你要寻找自己在工作中的极端体验，而不是那种心如止水的感觉。

里的活动给你的感受跟其他工作不太一样。这些活动会带上不同的情感效价，带给你明确的积极感受，让你陶醉其中且情绪高涨。

把这些活动当作“红线”。你的工作包含许多活动、许多线程，但其中一些似乎格外能带来力量。这些红线就是你热爱的活动，你要准确找到它们，确保下周能够再现、改进和提升。你要逐渐把红线一条一条编织在工作里，但不必全部用红线来构建工作。梅奥医学中心的研究人员发现，医护人员花在自己热爱的活动上的时间超过 20% 后，职业倦怠的风险就不会再出现相应的降低。20% 这个数字是临界值，说明一点点爱就能产生很大的影响：若能有意识地将红线融入工作整体，你就会觉得更有力量，表现也会更好，而且能够迅速恢复活力。

这些红线就是你的强项。我们一般认为强项就是自己擅长的事情，弱项则是不擅长的事，因此自己所属团队的领导者和同事能够准确地判断我们的强项和弱项。但本书第 4 章已经讨论过，这并不是强项和弱项的准确定义。强项是一切能让你变强的活动（迈尔斯的强项就是麻醉，让患者徘徊于生死之间），弱项则是会削弱你的活动，即便你很擅长（迈尔斯的弱项是帮助患者痊愈）。“表现”是你成果的好坏，团队领导者可以判断你表现如何。然而领导者和同事无法判断让你变强和变弱的活动是什么。

假如你花一周与工作恋爱，发现自己很喜欢在数据中寻找规律，那么团队领导者就可以针对你的表现做出评价，“你对规律的解释不够好”“你没有找出有用的规律”“你没有用 PPT（演示文稿）把规律讲清楚”。团队领导者可以做出这样的评价，但不能说“不对，你根本不喜欢在数据中寻找规律”，我们也不能对迈尔斯说“不，你不喜欢让患者在生死间徘徊”。领导者不能说你的红线不是红线，能决定自己喜欢和讨厌什么的只有你自己。

不要先入为主地以为职责相同的队友也有跟自己一样的红线。他们不可能跟你完全一样。再回到迈尔斯的例子，我们采访过其他与迈尔斯年纪相仿、在同一家医疗机构工作的麻醉师，他们描述的热爱之事跟迈尔斯截然不同。一位麻醉师喜欢手术前的临床沟通，以及要让沉睡的患者慢慢恢复意识、不引起恐慌所需要的冷静敏锐。另一位麻醉师对复杂的麻醉原理着迷，一心研究每一种药物的作用原理——跟她讨论“意识”究竟是什么，你会看到她表现出与迈尔斯谈及压力带来的兴奋感同样的激情。

再看看迈尔斯，如果他不说，你根本不会知道他的“红线”是什么。他的外表和言行与任何一位人到中年的英国医生无异。他的红线与种族、性别、年龄及宗教信仰毫无关系，仅仅只是他自己独特个性的外在表现。迈尔斯喜欢自己工作的某些特定内容，讨厌另外一部分内容，这些都是天生的，没有其他原因。因此，发现并认清这样的红线，有意识地将其融入工作，是他自己的责任。除了自己，别人无法代劳。只有他自己主动充分发挥自制力和智慧，他才能对工作赋予爱。

当然，你也一样。你拥有一份与世界的独特关系，它让你看到只有你才能看到的事物。这样的独特关系中蕴含着编织红线的机会，但能够判断你的红线何在的人只有你。世界不会替你做出判断——世界根本不在乎你的红线。要停下来留意自己的热情所在，将热情渗入工作，这只有你自己做得到。[①]

---

① 你经常听到“要掌握自己事业的主动权”，我们讲的就是这个意思——掌握编织红线的主动权。

不仅在工作上是这样，生活也是如此。无论你平时感觉如何，其实你很难把生活分为不同的几个部分小心平衡。你拥有的生活是一整块，就像一整块布，你要将自己的红线编织进去。你在工作中热爱什么、业余爱好是什么、关于家人朋友你喜欢什么，这些全都要你自己去发现，全都跟别人不一样。因此，如果有人说“作为父亲 / 朋友 / 同事，我觉得你应该这样做”，你一定要记住，对方对你的了解比不上你自己，尽管他们的出发点是好的，但他们不了解你。你的世界完全属于你自己。

是否应该每天工作 15 个小时？是否应该在 30 岁之前生 3 个孩子？是否应该暂时将所有时间投入工作，等到能够负担起日间托儿所的费用再生孩子？到底应不应该每年休假 6 个星期？是否应该辞掉工作去冲浪，或者去开货车？类似这样的选择，全部只有你自己能够做决定，而要想做出明智的决定，唯一的途径就是尊重这样的事实：倘若你仔细留意自己选择进行的活动和承担的责任所带来的情绪反应，生活将会给你力量。

那么“讨厌”列表里的活动呢？很显然，这些是你薄弱的部分，你想要尽可能地将这些东西从自己生活中剔除——可以彻底停止，也可以与能够轻松应对这些活动的人合作，还可以将它们与你喜欢的活动结合起来（跟红线编织在一起），这样你就不会太辛苦。以这种方式看待生活，你会立刻意识到“平衡”这个概念没有用，还会意识到我们在分类上犯了错。在现实中，我们每天努力处理的不是工作与生活，而是喜欢和讨厌。

寻找自己的红线，认真对待它们。这些东西是你的光，真实而强大，而且只属于你。倘若你感到精疲力竭，陷入倦怠或危机，或者觉得所有事情都一塌糊涂，那么一定要攥紧红线。这些东西不会改变，可以帮助你积攒力量构建新的东西。对于你创造的新事物，比如新创意、新项目、新工作、新关系乃至新的生活，不必追求平衡。你不必按照别人的模板构建别人认可的生活，你的生活也不必非得是轻松的。但这是属于你的生活，从专属于你的力量中生发，因此能保持稳固。你的生活能够蓬勃向上，不会枯萎——你也一样。

· · ·

倘若工作是为了爱，工作的重点在于探索我们每个人的热情所在，那不是很好吗？但如今，我们显然不是这样想的。我们认为工作是一种交易：完成任务，获得报酬，拿去买自己喜欢的东西。可是如果反过来，把工作的目的设置为帮助人们发现自己所爱，将美国管理协会的标语从“get work done through people”（借助人完成工作）改为“get people done through work”（借助工作完善人），那会怎么样呢？不用说，我们肯定会失败，因为人很复杂，工作亦然，生活亦然。而且，人不可能真的“完善”。但如果尝试一下改变重点，教导我们的孩子和大学毕业生、年轻和年老的员工、第一份工作做了20年的人和第三份工作刚刚开始一年的人，去利用工作的原材料寻找属于自己的热情所在、用热情构建美好而稳固的生活，那么又会如何呢？

这样做不会让工作效率下降，反而会让效率提升，而且梅奥医学中心的数据显示，这样的效率很健康——有韧性和满足感支撑。说到底，工作不就是为了这个吗？

· · ·

大约20年前，13岁的体操运动员谢尔盖·波卢宁（Sergei Polunin）被带出萧条的家乡乌克兰小镇，送进伦敦里士满公园的皇家芭蕾学校——白屋（White Lodge）。此后他在这里接受芭蕾训练直到成年，展现了惊人的天赋，19岁成为皇家芭蕾公司有史以来最年轻的男性首席独舞演员。伦敦的每个人都赞同他超过了巴雷什尼科夫、努列耶夫乃至20世纪技术最完美的舞者尼因斯基。伦敦为发现并培养了这个天才而骄傲。

然而，没有人真正了解他，也没有人真正关心他。他是一名富有激情且深情的舞者，富有力量且优美，热情而愤怒，身上的文身是表达他突破边界这一需求的最明显标志。皇家芭蕾公司的高层完全忽视了这一切，用以往对待天才的态度对待他：让他遵守皇家芭蕾舞团的严格规定。他必须遵循古典芭蕾的形式，反复出演古典芭蕾的经典剧目，为公司增光添彩，取悦伦敦观众。他听从指示，反复表演，取悦大众，可是升为首席舞者仅仅两年后，21岁的谢尔盖就退出了舞团。

皇家芭蕾舞团有一套塑造完美舞者的模板，不关心谢尔盖·波卢宁喜欢什么。这种模板并不关心波卢宁作为舞者的“红线”，很遗憾，波卢宁自己也没有坚韧到能够坚信抓紧红线一定有意义的程度。他被迫按照模板行事，让自己的红线悄悄溜走，但很快他就崩溃了。要知道，芭蕾艺术需要坚持不懈，要求极为苛刻，倘若将严酷的训练建立在没有爱的基础上，舞者只会产生职业倦怠，因为如果没有爱，专精一项技术就等同于职业倦怠。倦怠不是因为没有达到平衡，而是因为没有爱。

皇家芭蕾公司在人才战争中胜出，找到了 20 世纪最有天赋的舞者，然而却无视他的热爱，毁掉了这个天才。这件事是全世界的损失。波卢宁没有什么可以贡献的了。他漫无目的地游荡了几年，没有回伦敦，也没有回乌克兰。他失去了热情，在父母离婚后独自一人无所适从。

随后，他找回了一件自己确定喜欢的事情，抓住了红线的一截线头（假如你有过那种摆脱束缚的感觉，你也会这样做）。他请一位从事编舞工作的朋友创作一支他自己喜欢的舞，要既有技术含量又饱含深情，兼顾精细和激情。他练习这支舞，在夏威夷一个闷热潮湿的下午录下了自己跳舞的视频，上传到视频网站上给家人和亲近的朋友看，之后——他根本不知道之后会发生什么。他只是抓住了一根红线，将其编织到现实当中，希望这根红线有足够的力量能将自己拉上人生的正轨。

2015 年情人节后，波卢宁非常低调地上传了自己的舞蹈视频，配乐是霍齐尔（Hozier）的“带我去教堂”（Take Me to Church）。

如果你没有看过这个视频，你现在就可以看一看，这会成为你永生难忘的 4 分 8 秒。不管喜不喜欢芭蕾，你都能感受到，这是一个精疲力竭的人的作品，但也纯粹地表现了高超的技术和坦然的快乐。你会看到，这个人认真对待自己热爱的事物，具备高超的技巧且高度自律，让我们欣赏到一件热情、珍贵而纯粹的艺术作品。你会看到，这是这个人由内而外最圆满、最纯正、最丰富的独特个性表达。假如你团队里的员工能以这种感觉工作，如果你能帮助他们以这种认真的态度对待自己的“红线”——不是让他们对自己感觉良好（虽然这样有一定的作用），而是要让他们觉得自己能够与世界分享更多的东西，那么你的团队一定也能够实现持久的杰出贡献。

波卢宁的视频自上传至今，观看次数超过 2 300 万。他已经在伦敦考文特花园、好莱坞圆形剧场和艾伦·德詹尼丝的脱口秀节目《艾伦秀》（*The Ellen DeGeneres Show*）等各种舞台上表演了这支舞，并在欧洲最有名望的芭蕾公司成为客座首席舞者，重新找回了对芭蕾舞的热爱。不必再受古典芭蕾经典剧目的束缚，波卢宁重新找回了对工作的爱，这对全世界来说都是一件好事。

我们希望你也能找到对工作的爱。与工作恋爱一周，抓紧自己的红线，然后你就能“开花”。但最重要的是，这样你就可以将自己拥有的独特的东西与我们其他人分享。

人类天生具备的力量，在于每个人各自不同的独特天性。这是重要的特性，不是缺陷。你要负责认真对待自己的独特之处，找到最巧妙、最诚挚、最有效的方式，将自己的特性展现出来——展现给你的队友、家人、社区和公司。我们都在等你跟我们分享你独有的热情，但无法等待太长时间。请不要让我们等太久。

07

我们追随的是专才

领导力是个谎言，有人追随的领导者才是真正的领导者。

美国国家人权博物馆位于田纳西州的孟菲斯，两年前我们去参观这座博物馆，花了两三个小时了解人权运动，以及非裔美国人经过漫长斗争终结根深蒂固的歧视、争取到一定程度的平等的历程。

博物馆的布局很有吸引力，带给参观者的体验非常好。主展览没有安排几个展厅让你依次参观，而是在大展厅里设置了一条曲折的路，就像一个高墙围成的迷宫，让你在行走过程中按照时间顺序依次看到各种展品。首先你会看到美国南北战争的结束燃起了一丝希望，随后看到这一瞬间的希望与可能性在不久后被“吉姆·克劳法”扑灭。你会看到对种族隔离的抗争引出了 1954 年美国联邦最高法院对布朗起诉教育局案的裁决，判定学校种族隔离制度为非法。拐一个弯，你会看到实物大小的公共汽车复制品，不是那种光亮崭新的现代车，而是在路上跑了很久、处处受损的老旧汽车，那种在我们生活中勤勤恳恳、默默无闻，将心不在焉的我们送到目的地的公共汽车。这辆车提醒我们记住一个历史性的时刻：1955 年，在一辆这样的公共汽车上，辛苦工作一整天的罗莎·帕克斯（Rosa Parks）没有听从司机要求，拒绝向一个白人让座，随后当地教堂的一位年轻牧师发起蒙哥马利巴士抵制运动，成为人权斗争的一根导火线。

· · ·

这一章不讲领导力。

商业文献里已经形成了一种老套的模式：哀叹关于领导力这一主题的著作卷帙浩繁，列出你在亚马逊上一搜就出现的大量相关图书，用一大堆文章、博客、视频和励志演讲来说明领导力的确是一门重要的学问，或者是领导力被过度分析了。如果我们提炼出这一大堆文章和演讲的主旨，那可能是：领导力一直令人着迷，人们相信领导力对工作有着至关重要的作用。

还可以再说一点儿。世间似乎有一种广泛的共识：某些人表现的一种清晰明确、始终如一且有意义的品质，叫作领导力；人身上存在某些特质，不同于技术能力（比如写代码或者说英语的能力），且高于人际沟通“软技能”（成功销售、谈成生意的能力），可以让人成为领导者。

还有，我们大体上都认为优秀领导者全都具备这种品质，或者说这些品质。因此我们认为，领导力存在于从事领导工作的人身上，也正是这些人成为领导的原因。于是我们都觉得，要想当上领导者，你就必须拥有这些品质。

这是个令人泄气的循环：有一种东西叫作领导力，我们知道这种东西是因为领导者都具备这样的品质，没有这种东西就无法成为领导者。这就好像在说，你家的猫具备“猫性”，因为它是只猫——这个说法可能是真的，但这对梦想成为猫的仓鼠毫无意义。这种含糊其词的定义就像“你看到就明白了”，在一定程度上解释了我们为何连篇累牍地讨论领导力却并未加深对它的理解，自己的领导力也并未得到提升。

或许是为了消除这种含糊，一些人进一步深入尝试形容构成领导力的具体特质。擅长鼓舞人心似乎很重要，能够清晰描述愿景也很重要；构建战略的能力很好，区分战略好坏的能力也很好。

有时候“执行力”（把事情做完的能力）会被放进领导力列表。为组织设定方向是很重要的，与此相关的还有让员工顺应定好的方向、促使员工按照这个方向前进的能力。决策力在这个列表上排名靠前，处理矛盾冲突的能力亦然。颠覆式创新能力也经常出现在列表上。沟通能力同样很靠前，所谓的“领导者形象”好像也很重要。

这些杂七杂八的特征还要加上一些性格特征。领导力需要本真性（让人感觉“真实”的能力），往往还要有脆弱性（有勇气向公众展示自己的缺陷，不追求正确，不争当“最聪明的人”）。据说，领导者要具备这一系列特征，才能与其他人建立良好的关系。

但奇怪的是，这些特征也有一定的限制。本真性很重要，但领导者不能真诚坦率地说自己无计可施，这会破坏他构建的愿景；脆弱性很重要，但领导者不能对自己的缺陷坦然到让员工质疑的程度，这样无法鼓舞员工前进。如此说来，我们想要的是“真实的胸有成竹”和“可靠的脆弱性”，这也太矛盾了。我们所谓的领导力清单，要求其中涉及的性格特征必须表现得“恰到好处”。

然而，我们坚信领导力在职场上非常有用，于是对这种微小的自相矛盾之处视而不见。一个人拥有的领导力当然是越多越好，一个组织里具备领导力的领导者也越多越好。这种观念似乎已经成了定论，于是你会被告知，要寻求事业发展，最重要的是“提升领导力”。

也许有人会在自己的领导力清单里列入其他特征，不过以上几条基本上概括了理论世界对领导力的认知。本章不讲领导力，原因不是这些特征没有用（其实挺有用的），也不是这个主题已经被讲烂了（也差不多了），而是以审慎的眼光观察一下，我们就会意识到，大家对领导力有很大的误解。

我们在工作中遇到的最后一个谎言就是：领导力非常重要。

· · ·

2004 年 6 月，亚拉巴马州蒙哥马利的一位副警长在整理地下室时找出了几本犯人面部特写相册。几本相册明显都很旧了，里面的照片按照性别和种族仔细地分类排列。1956 年 2 月 22 日有 89 人由于蒙哥马利巴士抵制运动而被逮捕，相册的“黑人男性”分类下有其中 12 人的照片。

如今再看看这 12 个人的照片，有人穿着随意，有人一身正装；有年轻人，也有老人；有人慌张，有人顺从，还有人一脸挑衅。每张照片里都有逮捕编号：有人拿在手里，有人挂在脖子上。对这 12 个人，我们除了名字一无所知。而我们之所以知道他们的名字，是因为他们一同做了一件事，这件事情让我们以不同的角度思考领导力究竟是什么。

这些人的共同特征，可以用其中一个人来说明。相册里最上面一排，编号 7089 的男性瞪眼看着镜头，身上的浅色西装扣得整整齐齐，领带端正，双手放在膝上。拍照时他 27 岁，是蒙哥马利德克斯特大街浸信会教堂的牧师。罗莎 · 帕克斯被捕后，他被要求领导抵制运动。始于 1955 年 12 月的抵制运动获得了广泛参与，给该县交通系统造成了极大的经济影响。1956 年年初，该县大陪审团指控部分参与抵制者违反亚拉巴马州反抵制法案，这位牧师与其他 88 人一起被逮捕。

我们都知道，这位牧师名叫马丁 · 路德 · 金。不过这些照片要告诉我们的并不是关于他、关于7089号的故事，而是另外11个人——所有的领导力理论，所有的竞争力、胜任力列表，所有相关文章、调查、测评和书，所有分类和分析里，都没有提及这11个人的事迹。领导力并非抽象概念，它并不存在于平均值中，而是存在于现实世界里。

而我们看看现实世界，看到的是以下几点。

第一，领导力十分稀有。马丁·路德·金不一定会从蒙哥马利巴士抵制运动中脱颖而出，成为有几百万人追随的国家领导者——当时有其他有才能的人领导蒙哥马利进步协会（Montgomery Improvement Association），在蒙哥马利之前也有其他地方出现过巴士抵制运动，比如此前两年路易斯安那州巴顿鲁日市的抵制运动。但蒙哥马利的马丁·路德·金身上有一些特殊的东西。我们将拥有这种特殊能力的人视为伟人，我们花了很多时间去寻找和尝试获取这种特质，我们认为这种东西对组织极其重要——这几点说明了这种特质的稀缺性，而这种稀缺性恰恰说明，不是每个人都能获得这种特质。假如领导是件容易的事，那就应该有更多优秀的领导者出现。假如有了更多的优秀领导者，我们可能就不会这么关注领导力了。

第二，领导者有缺陷。领导者并非全能。我们不需要美国联邦调查局埃德加·胡佛（J. Edgar Hoover）的监视文件来披露马丁·路德·金并不具备完美领导者应当具备的一切品质。这个事实挑战了“领导力品质清单中的每一条都不可或缺”的观念，可能会让人不知所措。清单上列出的每一条，我们都能想出现实中某位值得尊敬的领导者缺乏这种品质。如果说领导力就是鼓舞人心、有远见卓识，那么沃伦·巴菲特是怎么回事？他身为领导者的主要活动好像就只是坐在位于内布拉斯加州奥马哈的办公室里，喝着樱桃可乐，寻找要收购的公司。如果说领导力就是制定成功战略，那么温斯顿·丘吉尔呢？他在20世纪二三十年代制定的政策极其糟糕，他因此被逐出政府。如果说领导力是执行和沟通能力，那么大不列颠的乔治六世呢？他领导国家的能力在“二战”中备受尊崇，但他几乎不在公共场合发言，也不执行任何事情。如果说领导力是通过结盟获得胜利，那么苏珊·安东尼呢？她与一同主张女性参政权的领导者关系破裂，使运动分裂为两派，持续了20年。

如果说领导力与道德伦理有关，那么史蒂夫·乔布斯因为不想登记，以便随时可以停在残疾人停车位上，所以每隔6个月就买一辆新车，这该怎么说？如果说领导者要关心自己负责的员工，那么乔治·巴顿将军攻击有创伤后应激障碍的士兵，又该怎么说？如果领导力需要真诚，那么还有隐瞒自己疾病和风流韵事的约翰·肯尼迪。

模板和清单上的条目并非必不可少，这意味着什么？现实世界告诉我们，不是每位领导者都具备某些特定的品质，而是每一位领导者都有明显的缺陷——领导者并非完人。

归根结底，领导力也不是要面面俱到。我们在第4章中讲过，最好的人才并不是全面发展的人才。现实中我们看到的领导者更是如此。正如第4章提到的优秀人才（比如擅长用左脚踢球的梅西）一样，我们不会看到伟大领导者花很多时间去完善自己、尝试培养自己缺乏的能力。我们看到的是，他们努力将自己具备的才能最大限度地发挥出来，所以我们不管怎么看，都只会看到这些领导者各自进行领导的方式截然不同。从这个角度讲，领导与人类努力的其他方面一样，层次越高，特殊性就越强。

马丁·路德·金的领导方式也十分特殊，他的才能和成绩不在于模仿罗莎·帕克斯、马尔科姆·X（Malcolm X）或者拉尔夫·阿伯内西（Ralph Abernathy）来完善自己，而在于从自己独特的领导天赋出发，培养这种才能，借以渡过危机。

所以说，“领导力非常重要”是个谎言。随便把哪一种关于领导力的定义放到现实世界中，你都会看到许许多多的例外。最后我们只能得出一个结论：就算世界上存在构成领导力的神奇品质，那我们也还没有找到究竟是哪些品质，而许多不具备多种领导力相关品质的领导者正在从事领导工作。如果是这样，那么这些构成领导力的品质既不会让我们更加了解领导力，也无法帮助我们提升领导力。

· · ·

但如果现实世界向我们展示领导力不是什么，那我们又能否有所收获呢？我们是不是只能说领导这件事兼容并蓄，是很多不同的技能、品质、状态和特征的大杂烩，其详情目前尚不明确？有没有其他方式能让我们了解领导这件事？

1956 年蒙哥马利事件最值得瞩目的，不是一个人因为坚持自己的主张而被捕，重点不是这个人说了什么、做了什么，而是其他人选择追随他。那几本犯人相册向我们展示的是一位领导者和他的追随者的照片。11 个人选择追随马丁·路德·金，于是 60 年后我们知道了他们的名字。当时在攻击、恐吓和爆炸中，这 11 个人在马丁·路德·金身上看到了某种特别的、让自己愿意追随的东西，因为他们这样做了，因为随后几年里成千上万的人都这样做了，我们今天才认为马丁·路德·金是一位伟大的领导者。

这就是现实世界中的领导：领导者是有人追随的人，这个概念简单而清晰。一个人是不是领导者，唯一的决定因素是有没有人追随。

这句话好像是一句废话，但我们很容易忽略这句话的含义。我们运用战略、执行、愿景、口才、人际关系、号召力等各种属性定义领导者，竟然没有提到追随者——追随者的需求、感受、恐惧和希望。领导力的概念忽视了追随者，忽略了领导这件事本质上是一个关于特定人际关系的问题，即为什么有人愿意选择为另一个人贡献力量、承担风险。如此一来，所谓的领导力就完全忽视了重点。[1]

领导者是有追随者的人。有没有追随者，无法由技能、策略或胜任力列表来说明，与在组织层级体系中的等级无关，也无法告诉我们领导者本人的特质。但这个概念明确了一个判断是否为领导者的重要条件：有没有追随者。

所以我们真正应该问的是：我们为什么会追随别人？是什么让我们工作到深夜，把该做的事情做到及格线以上？是什么让我们推举出某个人站在队伍前列？是什么让我们自愿将自己的一部分命运交到另一个人手里？是什么让我们允许别人决定自己的生死？

是什么让那 11 个人相信 7089 号，将希望寄托在他身上？

· · ·

在本书开头的 8 条陈述中，我们可以找到一部分答案。我们知道，这 8 条陈述衡量的感受广泛存在于高效团队中，于是我们可以在一定程度上了解追随者对领导者的诉求。

从大体上讲，我们希望能感觉到自己属于某个比自身更大的存在（我们），同时又要感受到领导者了解并重视自己个人的独特之处（我）。

更具体地讲，我们追随的领导者能够让我们与某个自己坚信的使命联系在一起，明确表明对我们的期望，让我们与对卓越有一致认知的人在一起，重视我们自己的强项，让我们知道队友无论何时都会支持我们，煞费苦心地重播我们获胜的比赛，鞭策我们不断变得更好，让我们对未来怀有信心。

这不是领导者应当具备的品质列表，而是追随者的感受列表。我们说领导力的确存在，看到就会明白，但我们“看到”的并不是另一个人身上可定义的特征，而是自己作为追随者的感受。虽然我们不能期待每一位优秀管理者都有相同的品质或胜任力，但我们可以推测，所有优秀管理者都能够为追随者带来同样的感受。我们可以利用这些感受，帮助领导者判断自己做得好不好。第 1 章介绍的 8 条陈述，可以有效地评估领导者的工作。不必强行规定领导者必须如何行动，但我们可以描述优秀领导者应当为追随者带来什么。而且，从这方面做评估的方式是让追随者评估自己的感受，而不是让他们对着长长的抽象品质列表评价自己的领导者，所以获得的结果也是有效的。

领导力并不存在，因为无法以可靠的方式评估。追随力的确存在，因为可以可靠地评估。

有一种东西叫领导力，这之所以是谎言，是因为每个领导者吸引追随者的方式都不同。现实世界里的真相是，所谓的领导是许多不同的事情。身为领导者，你要解决的难题不是努力培养那些抽象的胜任力——这样做你会失败的，因为首先你就失去了“本真”。你的难题是要找到自己为团队成员创造那 8 种感受的独特方式，并加以改进。把这个做好，你就能成为好的领导者。

有意思（而且让人高兴）的是，一项实证研究表明，这两者有所联系。让追随者产生相应感受的能力，与你培养自己独特风格的努力及成果有着直接的关系。你的独特风格越鲜明、越深入，你的追随者就会越热切地追随你。当我们无法认同某位领导者的极端个人风格时，这个事实会令我们沮丧，但事实就是如此。

· · ·

蒙哥马利公共汽车的话题先告一段落，我们继续参观人权博物馆。我们看到 1960 年的学生静坐示威、1961 年的自由乘车者（Freedom Riders）。我们了解了密西西比州和佐治亚州奥尔巴尼的抗议活动。随后，我们看到了亚拉巴马州伯明翰一间牢房的复制还原场景。

20 世纪 60 年代，伯明翰是美国种族隔离程度最高的城市。1963 年上半年的亚拉巴马州基督教人权运动，和马丁 · 路德 · 金的南方基督教领袖会议一起，拉开了非暴力抵制种族隔离运动的帷幕。当地司法机构对抵抗运动发布了禁令，一位人权运动领导者宣布不会遵守禁令，于是在 1963 年 4 月 12 日，马丁 · 路德 · 金和其他游行者被逮捕关押。亚拉巴马州 8 名白人牧师发表公开信，在信中批评了马丁 · 路德 · 金采用的方法。刊登这封信的报纸被秘密送进马丁 · 路德 · 金的牢房，他读过公开信，开始写回信。他先是写在报纸边上，写满之后在牢房的厕纸上写，随后一位善良的囚犯给了他一些废纸，最后他的律师带给他一本便笺。这就是著名的“伯明翰狱中书”（Letter from Birmingham Jail）。博物馆的牢房还原场景外面贴着这封信的复印件。

这是一封慷慨激昂的长信，信中反对殖民，反对妥协，反对不抵抗的道路。马丁·路德·金提到了极端主义，“问题不是我们是不是极端分子，而是我们是哪一种极端分子”。

爱喝可乐、一点儿都不鼓舞人心的奥马哈人沃伦·巴菲特，就是一个极端的人。他十分擅长寻找和收购公司。温斯顿·丘吉尔制定的政策很糟糕，但他非常会激励人们进行毫不让步的抵抗。苏珊·安东尼擅长为某个目标投入全部精力，并带动自己身边的人也这样做。史蒂夫·乔布斯擅长开发好用的硬件和软件。乔治·巴顿擅长战斗，不管在什么时候、面对怎样的敌人，他都能全力以赴。约翰·肯尼迪擅长描绘有共通感的未来，擅长从道德角度催人奋进。这些领导者的共通点是，他们都十分擅长某一件事——每个人都是不同的“极端分子”。

我们已经看到，最好的人才不是全才，而是专才。他们专注于培养一两项格外出色的能力，用以在世界上留下自己的痕迹。我们在杰出领导者身上也能看到相似的极端性，即几项有标志性的能力，它们会随着时间逐渐提升。但领导者的能力十分鲜明，领导者又很擅长表现自己的能力，因此能够吸引我们。这就是真相：我们追随的是专才。

我们之所以追随领导者，不只是因为精通某方面的领导者在这方面的表现十分突出，也是因为这样的极端者会改变我们对未来的感受。人类的共性并不多，人类学家唐纳德·布朗（Donald

Brown）的著作《人类共性》（*Human Universals*）列出了 67 条共性，其中一条是每一个人类社会都研究过葬礼。[2] 每个社会进行葬礼的方式不同，但都有葬礼。死亡是巨大的未知，葬礼可以缓解我们的不安，让我们产生自己有控制权的幻觉。葬礼只是一个明显的标志，说明了我们的一个共性：人类恐惧未知。过去已然决定，现在就在我们面前，而未来是一片令人胆战心惊的未知。未知驱使我们寻求安慰。人终有一死，这是我们所有人最不可知而又确定无疑的事实，关于死亡的仪式能让我们获得安慰。

恐惧未知，这项共性给当代领导者带来一个难题。你要带领团队走向更好的未来，而许多团队成员对未来怀有恐惧。这种恐惧并非毫无根据，它源于自然选择。我们的祖先里没有这种恐惧的人，划着小船驶向地平线，去寻找“太阳睡觉的地方”。这些人一般有去无回，没有留下自己的基因。小心谨慎是明智之举。

领导者不可轻视这种恐惧。如果不能让员工“拥抱挑战”“适应未知”，他们就会陷入对改变与未知的思考，增加焦虑，削弱领导者的效力。一个讽刺的现象是，咨询顾问热烈吹嘘改变，而现实中的领导者却很少用这个词。领导者知道追随者想要的是逐渐生动起来的未来图景，不需要再强调其中固有的不确定性。

因此，作为领导者，你面临的最大挑战就是尊重每个人对未知产生的合情合理的恐惧，将这种恐惧化为勇气。我们这些追随者喜欢眼下的安稳，但也知道时间的“浪潮”会将我们推向未知，不可阻挡。所以我们一旦找到可以缓解未知带来的恐惧感的东西，哪怕它非常微小，也会努力抓紧。

我们在第 1 章里看到，最佳团队的最后一个特点是让每位成员感到“我对公司的未来充满信心”。这种对未来的信心，似乎能够为我们缓解广泛存在的不确定感所带来的恐慌。这也解释了我们为何追随领导者。“追随”这个行动是一种交易，只有能得到回报，我们才会将自己的一部分未来托付给领导者。

这里的“回报”就是信心。

看到领导者在我们关心的某些方面具备强大的能力，我们就能对未来产生信心。

我们会追随在我们重视的方面具备强大能力的人。我们追随专才。

专才似乎给了我们一些依靠。我们深知自己的缺陷，也知道前路不可知。我们还意识到，若能与他人合作，我们的旅途就会容易一些。如果我们在他人身上看到能弥补自身不足的东西，能够帮助我们稍稍吹散未来的迷雾，我们就会继续追随。我们不一定会追随愿景、战略、执行、人际关系等所谓的领导力要素。我们追随的是“专精”。我们只要认为这种“专精”对自己有用，就不会在意其表现形式。约翰·肯尼迪十分擅长以道德激励的方式让我们看到不久的将来，并投身其中。古巴导弹危机时，他向全美国发表讲话，结尾提到了古巴人民：“我深信大多数古巴人民如今都期待着能够获得真正的自由——摆脱外国势力的支配，自由地选择领导者，自由地选择国家制度，成为自己国家的主人，自由地发言、书写和表达宗教信仰，不必经受恐惧和蔑视。”他的弟弟罗伯特就没有这种才能。罗伯特·肯尼迪的才能在于强调眼下的正确。他在约瑟夫·麦卡锡的影响下根除美国共产党人，攻击卡车司机工会领导者吉米·霍法，积极推进“民权法案”（他的哥哥在这一点上甚为谨慎），都是为了把当下的事处理好。

有影响力的领导者培养自己独特风格的方式，能够向我们传达一些具体而生动的东西。领导者似乎只有让我们确信，他们的门路比我们的多，看事情比我们更全面、更深入，更看重自己的分量，我们才会信赖他们。我们信赖这种认真、可预见性，被这种特殊性吸引。我们能够感受到这种本真，迷恋这种确切实在的强大能力带给自己的敬畏感。有了这些感受，我们就会忽略其他的一切。

· · ·

九大谎言让我们明白，如果我们不留意身边的现实，一味从理论上推断世界应当是怎样的（或者想象在更理想的情况下我们希望世界是怎样的），我们身边的人就会“消失”——因为我们不再关注他们。因为我们抛弃了好奇心，代之以教条和格言。领导者也是如此，我们一旦开始关注有关领导力的理论，真实的领导者就会“消失”。

随之消失的还有以下这些真相：

没有哪两位领导者会以同样的方式处理同一项工作。

鲜明的特质既能吸引我们追随，也可能令我们感到抵触。

没有哪位领导者是完美的——优秀的领导者知道如何扬长避短。

领导者令人失望——他们并不具备所有我们希望他们具备的品质。

追随这一行为从某种意义来讲是一种宽恕——我们将注意力和精力奉献给某个人，原谅这个人身上的缺陷。

不是每个人都应该成为或希望成为领导者——这个世界需要追随者，尤其是优秀的追随者。

一个人认可的优秀领导者对另一个人而言可能并不是什么优秀领导者。

一个团队或公司的优秀领导者，放到其他团队或公司可能并不优秀。

领导者不是世界上“至善力量”的代表，只是有追随者的人而已。领导者不是圣人，受人追随可能会让他们狂妄傲慢、目中无人，或者发生更糟糕的事情。

领导者没有好坏之分，只是知道该如何将自己与生俱来的特质发挥到极致，进而激发追随者的信心。这一点无所谓好坏。

所谓领导并不是某一些特定品质的综合，而是追随者的一系列感受。

尽管如此，我们仍会对让自己产生更好的感受、更有希望的领导者另眼相待。

无论如何，让我们追随你的就是你的特质。

· · ·

企业会投入大量资金培训领导者。仅在美国，每年用于培训领导者的成本就达到了 140 亿美元。[3] 常见的领导力课程大致是，先放一个视频，内容要么是几个人讨论领导者，要么是讨论现实中的某位领导者。视频引人入胜，发人深思，而且很感人。前者会让我们了解领导者对许多话题的影响力，后者则让我们亲身感受到这一点。观看过程中，我们会觉得受到启发，充满好奇，热血沸腾——我们会觉得自己即将学到一些重要的东西，而且已经微微感受到这种重要的东西。

随后，讲师走到教室前面，讲解模型。模型会把我们刚刚看到、体验到的东西变得很无聊。模型通常是一组 2×2 的网格，每个格子里写着几个抽象词语——共情、本真、愿景，诸如此类。接下来讲师会用几个小时依次讲解这几个格子，让我们理解写在里面的抽象概念，以及我们每个人如何具备更多其中的这些品质。有时，课程一开始先会让我们做一个测试，到了课程中间让我们看自己的测试结果，将结果与格子里的那些概念对比。有时我们要根据格子里的抽象品质，跟同桌的人互相提供实时反馈。有时我们要制订行动计划，在笔记本里煞有介事地写下希望进一步培养这些品质的决心，心里知道等这个课程一结束，现在写下的决心就会像“经常使用牙线”一样成为人生“半途而废之事”。①

我们在课程中被告知，做完这些事情，自己就可以更接近开头视频里的领导者。然而在此过程中，我们只觉得越来越没有信心。格子里的东西无法帮助我们形容观看视频时的感受。坦白讲，格子里的抽象概念似乎与我们在视频里看到的领导者一点儿关系都没有，跟我们在现实中看到的领导者也毫无关系。我们被现实中的领导者激发情感，然而在领导力培训中，我们尝试理解领导力的第一步就是剔除情感因素。

因为这类课程绝对不会像我们一样提出这个问题：你是怎样

---

① 此处将“进一步培养这些品质”类比为“经常使用牙线”，是指它们都是容易半途而废、难以坚持的事。——编者注

的人？不是说你跟那些小格子里写着抽象概念的模型比起来怎么样，而是你作为有生命、会呼吸、会成长、会焦虑、会快乐、有不确定性、会爱、会奋斗、复杂而又独特的人类，究竟是怎样的人。了解了你的独特性，我们就不会问有没有人追随你。你之所以是你，是因为你拥有独一无二的状态和特征组合，所以我们不会问你要如何运用这些东西为追随自己的人提供独特体验，以及如何运用自己拥有的东西使他们对这个大家同行的世界感觉更好，我们也不会问我们要如何衡量你的特质、协助你调整方向（虽然我们讨论的就是这个话题）。

因此，必须抛开领导力模型，抛开 360 度测评，别再浪费时间去做把“有效沟通”分数从 3.8 提升到 3.9 的微不足道且无意义的分析，别再纠结为什么同事给你的“战略才能”打了 4.1 分而上司只打了 3.0 分。别再列举各种抽象词语。别再争论领导力的至高境界究竟是本真、部落领导力、情境领导力、五级领导力还是别的什么现在流行的领导力。别再一概而论。

要谦虚一点儿。我们的团队、我们组织里的员工拥有的体验才是真正有意义的东西，这种体验不由得我们定义。

要对员工的体验抱有好奇心，关注自己的行动如何塑造员工的体验。

要关注现实世界中真实存在的人令我们产生的感觉。如果有人做的事或者说出的话让自己感觉到意气昂扬，就停下来想一想，这是为什么。如果感觉到在跟某个人交流过后获得了新的能量，就停下来想一想为什么。如果感觉到另一个人对自己有一种神秘的吸引力，感到自己像咬住鱼饵的鱼或者指南针上的磁针一样受到吸引，感到对方发出的信息是“快看，有重大事件即将发生，它会一点一点改变我们的未来”，那我们就要停下来想一想，这种吸引力究竟源于何处。

我们需要了解现实世界中真正的领导者，站在追随者的立场上了解他们，从这里开始学习。

· · ·

继续参观博物馆，接下来我们看到的是塞尔玛的埃德蒙·佩特斯大桥场景再现。1965 年“血色星期日”过后，马丁·路德·金领导游行示威，从桥上走过。我们一边走，一边想象当年桥上成千上万的坚定脚步，忽然发现自己脚下的地面在抬升。道路自动旋转，我们看到了塞尔玛游行的壁画，听到了游行队伍的脚步声。我们听到马丁·路德·金在亚拉巴马州议会大厦的演讲。随后突然安静下来，我们已经到了上面一层，往下看可以看到我们刚刚穿过的迷宫及整个展览。

这时候，马丁·路德·金的整个历程清晰地展现在我们眼前。从展厅上层俯瞰，我们可以看到他的每一次抗争和游行、每一次被捕和受挫、每一个转折点和每一次胜利。我们可以看到他是如何从蒙哥马利到奥尔巴尼、从伯明翰到华盛顿，再到塞尔玛的。“这场运动不会停止，因为上帝与它同在”，接下来是……直到公平和正义犹如江海之波涛汹涌澎湃、滚滚而来，我们才会满足，再到“道德的发展历程虽然漫长，但它会向着正义的方向弯曲”。我们还看到，马丁·路德·金在这个过程中将甘地的非暴力抗议融入了自己的独特方法。我们看到他将自己的勇敢和牺牲精神贯注在演讲里，以教堂讲道般的韵律修饰，使其成为全世界的希望之诗。

我们先回到这段旅途刚刚开始不久的时候，蒙哥马利当地的十几个牧师在马丁·路德·金工作的教堂会面，要求他领导抵抗运动。让我们想象一下，假如换成当代的公司，这次集会会如何进行，例如选择一位领导者负责公司的一个重要项目。首先我们会请与会者确定领导者应当具备的特征。我们为牧师们呈上一份清单，上面列着结果导向、战略导向、协同合作与影响力、团队领导力、发展组织能力、变革领导力、市场理解等，让他们评估领导者需要具备其中的多少能力。[4]随后我们请与会人员根据这份清单评估马丁·路德·金和其他候选人目前的能力和将来的成长潜力，看是否达到要求，并根据结果预测每位候选人获得成功的可能性，以此为参考做出决定。如果决定让马丁·路德·金负责这个项目，我们会建议他参加发展培训项目，培养我们认为重要的能力。这就是我们现行的领导力理论。问题不是我们不会选择马丁·路德·金，而是我们对他进行评估的方法毫无意义。

再看看展厅，想一想他的追随者：如果没有追随者，那么这段伟大的历程根本无从实现。对追随者而言，领导力理论根本没有意义。追随者看到的不是一套套完美平衡的抽象理论。我们“事后诸葛亮”式的简洁模型里根本没有他们看重的东西。他们看到的是一个不完美的人，他十分清楚自己应该做一个怎样的极端者。对马丁·路德·金而言，领导力意味着明确定义目标，然后利用一切机会向着目标迈进。他没有具体的执行计划。他有的是极具号召力的愿景——“让自由之声鸣响”，以及实现这一愿景的坚定信念，不顾及自己为此可能遭遇的风险。他的方法倚重机会和渐进，视具体情况而改变，关注的是想象中的变革，而非可预测的执行；其关注点既有长远的愿景，又有细致的此时此地必须做的事，但并非在两者之间，无所谓通往成功的地图。这种方法并不明确规定实现目标的方式，而是相信若在现在和未来尽力做正确的事，最终就一定能够取得胜利。

在这个展览中，我们自上而下俯瞰展厅、自未来回望过去，知道了后来发生的事。然而当时马丁·路德·金的追随者并非如此。20世纪五六十年代，非裔美国人为自己争取《美利坚合众国宪法》规定的权利，并不是一个步骤清晰的简单过程。这个过程充满各种不确定。富有才能的马丁·路德·金引导他们预见未来，帮助他们看到美好未来的模糊轮廓，让他们知道自己可以成为美好未来的一部分。

· · ·

1968年春，孟菲斯风波不断。2月，该市环卫工人对微薄的薪水和严苛的工作环境不满，加上两名环卫工人因垃圾处理车事故而死亡，于是发起了罢工运动。马丁·路德·金参加了支持罢工的游行，但这场游行发展为暴动，导致一名年轻的抗议者身亡。接下来的那个星期要进行第二次游行，马丁·路德·金也准备参加。

他的同伴和亲近的朋友都不想让他去参加。他疲惫、沮丧、失眠而且酗酒。他一直受到媒体、孟菲斯当地领导者乃至自己队伍部分成员的批评。他走到哪里都受到监视。他甚至在那之前两个星期送给妻子假的红色康乃馨，而不是真花，他希望假花能在自己死后更长久地陪伴妻子。[5]

马丁·路德·金知道，自己必须在孟菲斯领导非暴力抗议活动，必须占据道德制高点，否则过去所做的一切努力都将付诸东流。于是他去了。他乘坐前机飞往孟菲斯，航班由于炸弹威胁而晚点。等到飞机终于飞到田纳西州，他还遇上了特警队，特警队与其说是来保护他的，不如说是来监视他的。当天第一次会议时传来消息：孟菲斯针对游行下达禁令。他的第二次会议是与一个黑人活动团体见面，这群人宣称为第一次游行中的暴力行为负责，马丁·路德·金尝试说服他们在第二次游行时不要采取暴力行为。他离开会议，与律师商讨如何解除禁令，随后又讨论如何应对活动团体。外面的天空暗了下来——风雨欲来。

他精疲力竭，受到咽喉炎的折磨，告诉同伴他无法在当晚的集会上演讲，请拉尔夫·阿伯内西代替自己发表讲话。他躺在自己房间的床上想休息。没过多久，阿伯内西打来电话说，集会来了许多人想要见见马丁·路德·金，问他能否出席。

马丁·路德·金经常做即兴演讲，当晚也一样。在演讲开头，他说，想象一下如果有机会选择自己生活的时代。从古埃及、古希腊、罗马到文艺复兴，他历数了他在每一个地方能够见证的重大事件，而后却说，“但我不会留在那里”。他又接着从林肯的《解放黑人奴隶宣言》说到罗斯福的新政，一直到20世纪下半叶。这是他常用的修辞手法：不是这个，不是这个，而是这个。最终他确定了当下这一时刻。在历史长河中，他会选择现在，因为现在是最重要的——至少对他来说是最重要的。

接下来，他回归现实，发出指令。团结至关重要，分歧招致失败，要“让问题获得应有的解决”：

问题在于，孟菲斯拒绝公平地、诚恳地对待公仆，也就是环卫工人。现在我们必须关注这个问题……我们要再次游行，促使这件事得到应有的公平解决，并且让大家看到，有1 300个上帝的孩子正在受难，忍饥挨饿，熬过一个个黑暗恐怖的夜晚，不知这样的生活何时才是尽头。这就是问题所在。

他强调了经济抵制的重要性，提醒听众注意，众人团结起来进行经济抵制可以产生巨大的力量，鼓励听众利用经济抵制来督促企业承担责任。他列举了几个要抵制的面包品牌，并且让观众劝说身边的人一起抵制这些品牌。他提倡大家支持黑人的银行和保险公司。他说，这一切都是为了加强抗议："目前为止，只有环卫工人感受到了切肤之痛，我们要让其他人也了解这份痛楚。"

他讲了好撒玛利亚人的故事，提出一个特别的观点。他请听众想象，为什么利未人和牧师没有停下来帮助故事里受伤的犹太人，是不是因为担心招来麻烦。他形容了耶路撒冷和耶利哥之间的道路，也就是这个寓言故事发生的地方——他开车走过这条路。他告诉听众，这条路偏僻而危险（"真的很适合伏击"）。听众们也许心怀疑虑，犹豫着是否要参加接下来的游行，他对听众提出了当时撒玛利亚人面对的问题：

这就是今晚摆在我们面前的问题，不是"假如我停下来帮助这些环卫工人，我的工作会怎样"，也不是"假如我停下来帮助这些环卫工人，我是否就无法再回到办公室，无法再像往常的每一天、每个星期一样作为牧师安稳度过"。问题不是"假如我停下来帮助这个需要帮助的人，我会怎么样"，而是"假如我不停下来帮助这些环卫工人，他们会怎么样"。这才是我们要考虑的问题。

演讲进入尾声。他呼应开头的历史回顾之旅，讲述了自己数年前遇刺的经历。当时刀刃非常接近他的主动脉，他打个喷嚏就会死。他用"假如那时我打了喷嚏"作为句子开头，回顾了自己在 20 世纪下半叶见证过的大事件。假如当时他打了喷嚏，他就看不到 20 世纪 60 年代的静坐，看不到自由乘车运动，看不到蒙哥马利巴士抵制运动和伯明翰抗议活动，也看不到塞尔玛的"伟大运动"。最后他说：

> 假如那时我打了喷嚏，我就不会在孟菲斯看到一个团结了这么多饱经苦难的兄弟姐妹的集体。我没有打喷嚏，我真的很高兴。

他的结尾呼应了开头：现在就是最重要的时刻。孟菲斯就是最重要的地方。

是什么将这一切联系在一起？一个疲惫的人，不顾身边人的反对来到孟菲斯；他本来只想休息，却进行了这样一场即兴演讲；在演讲中，他选择了现在，放弃了其他所有时代；他让大家团结起来；他提到禁令，呼吁正视问题；他提醒人们坚持经济抵制；他讲了好撒玛利亚人的故事，鼓励人们参加游行，支持环卫工人；最后他提出此时此刻的孟菲斯正处于历史中无与伦比的巅峰。这些内容是如何连接到一起的？

我们追随某位领导者，是因为他专精于某一方面，而且他知道自己具体专精于哪方面。他在这方面的深刻见解，以及能够证明这一点的证据，让我们对现在有确定感，对未来有信心。我们看马丁·路德·金，看到的并不是他精彩的演讲技巧，不是他感人至深的自我牺牲，不是他鼓舞人心的非暴力思想，甚至不是他震撼人心的不屈不挠、坚忍不拔，而是他一次又一次将这些发挥到极致。马丁·路德·金擅长的是从容不迫地构建极端的局面。他的才能在于“不放弃”，投入大量时间集中关注某个地方的某个问题，积聚能量，加强张力，使其达到白热化状态，最终促成事件的发生。这就是他独特的才能。

在他发表于孟菲斯的演讲的结构中，我们可以看到这个特点：开头重复使用“但我不会停留在这里”的句型，引导我们关注当下，结尾重复“假如我打了喷嚏”，让我们关注此地。我们可以推测，他在年轻时学到的这种增加张力的演讲技巧，是否就是他独特才能的萌芽。

我们可以在他的发言里看到这一点：

> ……我们迫不得已，在整个人类历史进程中，人们一直有些试图解决而未能解决的问题，现在已经到了不得不正视那些问题的时候。人们没能解决那些问题，是因为没有被逼到不得不做的地步。如今我们要想生存，就必须解决这些问题。
>
> ……如今已经不是要在暴力和非暴力之间做出选择了，而是要么非暴力，要么毁灭。这就是我们如今的处境。

不是暴力或非暴力的问题，因为这并不是极端局面。要么非暴力，要么毁灭，这才是一个极端的局面。

马丁·路德·金的最后一次演讲，以及孟菲斯的这座博物馆向我们展示的他的人生历程，都能体现这一点。他不一定知道下一个矛盾点在哪里，但他有能力察觉矛盾所在，将其推至极端。他用这种方式，吸引人们关注他讲述的真相——如今我们所在的并非应许之地。这是他意识到自己的追随者感受到不安并对其示以尊重和加以缓解的方式。当然，这并不是他的全部，但这是我们能够看到的他最突出的特质，也是吸引我们追随的要素。

这种将问题推到极端的能力，与其他同时代的领导者对比起来，独特性更加凸显。约翰·肯尼迪说："火炬交到了新一代美国人手里。"这话很能鼓舞人心，强调现在即未来，这是肯尼迪的才能，但肯尼迪擅长的不是"推向极端"。马尔科姆·X说："没有非暴力的革命。"他的才能是提升紧张气氛，不是增加张力——不是制造极端局面。罗伯特·肯尼迪说："我们要投身于很久以前希腊人写的：驯化人的野蛮，让这个世界的生活变得平和。"这是他擅长的让听众关注某项崇高事业的方式，但这也不是将问题推到极端。

制造极端局面，是贯穿马丁·路德·金一生的行为方式。正是这种冲动让他不顾其他人的劝说、坚持返回孟菲斯。要让这个问题无法回避，唯一的途径就是回去。

那天晚上，演讲接近尾声，他已经察觉到了危险。他知道自己这样迫使众人直面问题，必定会为自己招来灾祸，迟早会引火烧身，而且他知道，正是自己屡次冒生命危险，才一直能够让问题无法回避。因此他也知道，几周以来自己身边质疑的声音越来越多，他已经能预见自己死后会发生什么。他每一次制造极端局面，都实现了一次突破，并为下一次突破打下了基础——他希望这种活动能够继续，为此他必须使自己从属于活动，并为之注入势不可挡的能量。只有他能做到。

> 我不知道现在会发生什么。我们前面还有一段艰难的日子。但这对我来说真的已经无关紧要了，因为我已登上高峰。
>
> 我不在乎。
>
> 我也像每个人一样，想要活得长久。长寿当然很有吸引力，但现在我已经不在乎这件事了。我只想照上帝的旨意行事。上帝让我登上高峰。我已遍览四方，看到应许之池。也许我无法与你们一同到达那里，但今晚，我希望你们知道，作为一个民族，我们终将到达应许之地！
>
> 因此，今晚我很高兴。
>
> 我无所畏惧。
>
> 我不惧怕任何人！
>
> 我已经看到了上帝降下的灵光！

· · ·

现在我们知道了展厅的地面为何会抬升：我们看到了一个旅馆房间，就是马丁·路德·金度过最后一天的洛林汽车旅馆的那个房间。做完那场演讲后，1968 年 4 月 4 日，他在这个房间里度过了大半天，跟来到旅馆的兄弟说笑，给父母打电话，还跟一位牧师同伴打起了枕头仗。房间不大，甚至有些简陋。两张床上铺着薄床单，床头小桌上摆着电话和台灯，墙上的托架上放着一台小电视；被褥是棕色的，阻隔明亮灯光的窗帘是橙棕色的，地毯也是棕色的。一扇门通往阳台。那天晚上6点过后，马丁·路德·金走出这扇门，在阳台上中弹。

撰写本章时，马丁·路德·金遇刺50周年的日子已经过去。我们仍未到达应许之地，这段旅程仍然残缺，我们仍在斗争。50年来，马丁·路德·金所代表的力量依然强大，即使是我们这些在他去世后才出生、只能通过演讲和纪念活动了解他的人也能感受到他的力量。这不是因为他拥有各方面的才能，而是因为他专精于一点，所以这一点格外显著而有力。他在生前吸引了数百万名追随者，去世后这份力量依然绵延，直到今天。

领导和追随并不是抽象概念，而是人的互动、人与人的关系。这种关系里通用的因素与各种人际关系一样，是情感纽带、信赖与爱。身为领导者，如果你忘了这一点，只是照搬理论，你就会发现没有人追随你。但如果你深入了解自己，培养自己最独特的特质，通过特质反映自己的意向、本质和人性，那么我们就能真正看到你。

并且我们会追随你。

附录一

ADP 研究所全球员工投入度研究

玛丽 · 海斯博士（Dr. Mary Hayes）
弗朗西丝 · 查姆尼博士（Dr. Frances Chumney）
科琳娜 · 赖特博士（Dr. Corinne Wright）
马库斯 · 白金汉

2018 年 7 月，ADP 研究所开展了一项涉及 19 个国家的世界劳动人口研究。研究目的是衡量各国员工投入度的相对水平，探讨最能吸引人才、留住人才的工作条件。2015 年曾有一项涉及 13 个国家的类似研究，2018 年的新研究结果与之相似。

我们在每个国家随机抽选 1 000 名全职及兼职员工，根据年龄、性别和受教育程度等多项特征分层，涵盖多个行业和工作类型。实际取样人数多于预计人数，共有 19 346 人参与了问卷调查。

问卷从多个方面询问参与者对工作的态度，但其核心是在过去 10 年里制定的对工作投入度的有效评估方法，包含 8 条陈述。此前大量研究表明，对这 8 条陈述表示赞同的人，被视为高效员工的概率较大，离职可能性较低，而且这种稳定的相关性可见于各行各业。

运用此问卷，我们可以计算出任意团队、公司乃至国家“全力投入”的员工比例，并且可以确定最能让员工“全力投入”的条件。

◎工作全力投入的员工比例的计算公式会计算每项陈述获得的“强烈赞同”数量，根据各项相对权重进行调整，给解释效力较强的陈述更多权重。

◎未全力投入的员工全部被归为一类——“去上班”。这部分员工只是没有尽全力，不一定是在偷懒——这项调查评估的是积极作用，不是异常状态。

2018 年，我们采用了与 2015 年相同的调查问卷、取样方法和同样的国别校准法（考虑到不同文化背景的参与者回答调查量表的习惯不同）开展研究。据我们所知，2018 年的这项研究是迄今为止规模最大、可靠性最强的有关全球员工工作投入度的研究。我们探讨的问题及结论如下。

1. 过去 3 年里，全球范围内员工的工作投入度是上升了还是下降了？

2015 年的研究涵盖了 13 个国家，它们的员工工作投入度水平几乎没有改变。

◎ 2015 年全力投入的员工比例为 16.2%，2018 年则为 15.9%。这说明在全球范围内，足足有 84% 的员工只是“去上班”，没有尽全力为组织做贡献。

很明显，组织目前尚未解决这个难题，即如何让多数员工相信工作值得自己奉献时间和精力，并能让自己获得认可与重视。

这个问题背后显然有许多根深蒂固的原因，比如宏观经济因素，某些工作本身艰难、危险、单调乏味，某些国家的劳工政策影响，等等。但数据表明，即使如此，组织仍然可以采取一些措施，更有意识地、更有条理地提升员工投入度。

2015—2018 年，虽然工作投入度总体保持稳定，不过我们发现，各国全力投入的员工比例出现了显著的差异。

◎ 8 个国家（阿根廷、澳大利亚、加拿大、法国、印度、意大利、西班牙和英国）的全力投入员工比例上升。

◎ 4 个国家（巴西、中国、墨西哥和美国）的全力投入员工比例下降。

印度的全力投入员工比例提升最大，增加了 5 个百分点，达到 22%。中国则下降最大，减少了 13 个百分点，仅为 6%。

2. 世界范围内员工工作投入度最高和最低的分别是哪些国家？

2018 年，我们在 2015 年的基础上增加了 6 个国家，包括埃及、荷兰、沙特阿拉伯、新加坡、南非、阿联酋。所有 19 个国家里，阿联酋的员工全力投入比例最高，为 26%；中国的员工全力投入比例最低，仅为 6%。

3. 对员工的“全力投入感”影响最大的因素是什么？

我们考察了许多可能让员工产生全力投入感的因素，如行业、职位、受教育程度、性别、兼职还是全职、零工工作还是非零工工作等。

研究表明，虽然以上因素都与投入度有着微妙的关系（下面会列出），但对员工的全力投入起决定性作用的因素是：员工是否身在团队之中。

◎表示自己是某一团队成员的员工，其全力投入的比例是非团队成员的3.3倍。

这一发现适用于所有国家，许多国家的团队成员和非团队成员之间的差异更大。

◎例如，巴西的非团队成员只有5%的全力投入度，团队成员则有15%。新加坡的非团队成员只有4%的全力投入度，团队成员则有22%。

在世界范围内，数据表明，让不属于某一团队的员工全力投入极其困难。但如今几乎所有组织都面临一大难题：对团队不甚了解。当前的人力资源体系只是财务体系的延伸，所以只能在组织结构图里用格子表示上下级关系。问题在于，实际情况中，多数工作团队与组织结构图列出的关系无关。

◎表示自己身属团队的员工里，有65%称自己所属的团队不止一个，而且并未表现在组织结构图中。

全世界的员工工作投入度水平相对较低，自然有许多原因。部分原因与特定工作本身的性质有关，部分原因与特定地区或国家的宏观经济情况有关，还有一部分与行业或公司的具体情况有关。不过，有一个原因是，组织并不理解团队的巨大作用，不采取相应行动。

◎组织不知道其内部有多少团队、团队有哪些成员，不知道哪些团队投入度最高、绩效最高。

◎如果组织能关注杰出团队，关注其形成因素和会对其产生负面影响的因素，那么我们或许可以看到全球员工工作投入度大幅上升。

4. 工作投入度很高的团队是如何形成的？

83% 的员工表示自己属于某一团队。不过，其中一些团队的投入度比其他团队高。我们研究投入度最高的团队，发现目前最能解释投入度水平的因素是，团队成员是否信赖团队领导者。

◎对“信赖团队领导者”一项表示“强烈赞同”的员工，其中有 45% 对工作全力投入，未表示“强烈赞同”的员工中只有 6% 全力投入。如果员工信赖领导者，则其全力投入工作的可能性会高 12 倍。

团队领导者受到团队成员信赖，是打造高投入度团队的基础。这个结论适用于所有国家、行业和职位。

5. 团队领导者如何获得成员信赖？

问卷调查中有两个问题能够衡量员工对团队领导者的信赖感：

◎在工作中，我很清楚公司对我的期待是什么。
◎工作中的每一天，我都有机会发挥自己的强项。

数据表明，知道对自己的期待和能够发挥自己的强项，这两个条件是信赖的基础。在变幻莫测的职场世界，一位团队领导者如果能帮助团队成员感受到明确的期待，让成员感受到自己的强项被认可、可以时常发挥出来，就能够获得成员的信赖，进而打造全力投入工作的团队。

6. 工作投入度更高的是全职员工、兼职员工、虚拟员工还是只做零工的人?

研究表明，投入度最高的工作状态是拥有一份全职工作和一份兼职工作。

◎处于这种状态的人有25%全力投入，其他只从事全职或只从事兼职工作的人全力投入比例仅为14%～16%。
◎对于这一现象，一个可能的解释是，同时拥有全职工作和兼职工作的状态综合了两方面的优势：全职工作能够提供稳定性和福利，兼职工作不仅能增加收入，而且有一定的灵活性，还让人有机会做自己真正热爱的事。

只做零工工作且属于某一团队的人，投入度也比较高。

◎只从事零工工作的团队成员，其全力投入的比例是21%，从事传统工作的员工仅为16%。

选择零工工作的两大原因是可以灵活安排时间和可以做真正

喜欢的事，与兼职工作相似。这说明这两个因素可能是高投入度的一大原因。

◎只做零工工作的人群中最常见的头衔是总裁，说明许多人选择打零工是因为希望能做自己的老板。

仔细考察问卷中的8条陈述，我们发现打零工的人对其中6项给出肯定回答的比例高于其他人，但剩下的两项明显较低。零工人员打分低于传统员工的两个问题是：

◎在团队里，我身边的人都跟我有共同的价值观。
◎队友会为我提供支持。

这个结果印证了其他研究者提出的一个结论：与其他形式的从业者相比，零工人员可能感到更孤独。属于某一团队的零工人员，则在这两个问题上与其他人没有差异。这说明零工工作不一定孤独，零工人员若能加入团队，就能够同时获得零工工作的所有益处（灵活安排时间、可以做自己喜欢的工作、自己做自己的老板）和传统工作的益处（队友提供的安全感和支持）。这一发现带给公司的启示是，如果选择与零工人员合作（现在这样做的公司很多），那就要尽快将这些人真正带进团队，以此提升其投入度、工作效率和保留率。反之亦然，公司为全职员工提供与零工人员相似的自由空间（灵活性、自主权、做自己热爱的工作的机会等），可以提升全职员工的投入度、工作效率和保留率。

在所有国家、所有行业，身为团队成员的虚拟员工，其全力投入的比例都比实际在办公室工作的员工更高。

◎虚拟员工里有29%全力投入，传统的办公室出勤员工只有14%。

这说明营造团队感不需要物理距离接近，灵活性和远程工作带来的轻松感对所有员工都有吸引力（只要能够归属团队）。远程工作与出差不同。表示自己需要出差的员工对工作的投入度最低。

◎需要出差的员工里，全力投入的比例仅为9%，不必出差的员工则为15%。

7. 受教育程度较高的员工，其工作投入度是否更高？

是的。

◎拥有高等学历的员工的全力投入比例为19%，没有受过大学教育的员工则为12%。

8. 高级员工是否比入门级员工投入度更高？

是的。

◎高管和副总裁级别的员工，全力投入的比例为24%。

◎团队中层领导者和初级领导者全力投入的比例为 14%。

◎普通员工全力投入的比例为 8%。

9. 千禧一代的工作投入度是否低于婴儿潮一代?

略低。不过我们最初的假设是会有显著差异，实际上代际投入度差异很小。

◎千禧一代员工的全力投入比例为 16%，婴儿潮一代则为 18%。

10. 男性的工作投入度是否高于女性?

不是。恰恰相反，数据表明女性的投入度略高于男性。

◎全球范围内，女性员工的全力投入比例为 17%，男性则为 15%。由于研究样本容量很大，这个差异在数量上来讲十分显著，但就比例而言差异不大。

附录二

在思科，我们确定无疑的 7 件事

罗克珊·比斯比·戴维斯（Roxanne Bisby Davis）
阿什利·古道尔

4年前，思科人力资源团队开始尝试以谨慎可靠的方式衡量工作世界。自那时起，我们带领由12位研究者和数据分析人员组成的团队，探讨思科优秀团队的特点、注意力和表现之间的关系、团队和公司对我们工作体验的影响等许多问题。以下是目前得出的一些重要结论。

1. 优秀团队的基础是员工能够发挥强项。

首先，我们想要深入了解思科内部优秀团队的具体情况。这个名叫“优秀团队研究”（Best Teams Study）的研究项目，重复了过去20年来盖洛普、德勤及其他公司的实验，预先假设在高绩效团队和非高绩效团队工作的体验有着可衡量的显著差异。

为验证这一假设，2015年下半年，我们询问公司各层级领导者希望能“克隆”哪些团队，找到了97个高绩效团队，组成研究组，随后在公司内分层随机挑选了3 600人组成对照组，代表其所在团队的一般成员体验。我们让两组分别做了包含8条陈述的问卷调查，问卷内容完全一致。

拿到问卷调查结果之后，我们评估了内容效度（根据陈述关联性评估）、结构效度（通过验证性因子分析、单项分数与总分的关联性和回归分析法建立）和效标关联效度（通过问卷陈述与研究组或对照组成员相应指标的对应程度衡量）。我们通过这几项测试得出结论：

◎这 8 条陈述衡量的是一个单一因素，即投入度，该因素与思科各优秀团队的联系各不相同。

◎与总体投入度及其他陈述之间相关性最强的是“在工作中，我每天都有机会发挥自己的强项”这一陈述，其次是“队友会为我提供支持”，位居第三的是“在团队里，我身边的人都跟我有共同的价值观”。

◎就全公司范围内的总体而言，研究组（“绩效最高”的团队）在 8 条陈述中的 6 条上超过对照组（“其他”团队）。研究组和对照组之间没有表现差异的两项得分相同（关于这一结论的进一步研究，详见下文“参与度有三个不同的来源”一节）。

我们的研究发现，最佳团队和其他团队之间的确存在具有统计学意义的显著差异，这说明思科的最佳团队充分利用每位团队成员的独特才能，使得团队充分发挥出了集体的力量，而且打造了充满信赖和安全感的工作环境。

2. 沟通频率增加，成员更能发挥强项。

我们希望进一步探索优秀团队的奥秘，想知道领导者定期与团队成员沟通这一简单的举动是否会影响团队成员的投入程度。

完成上述最佳团队研究后，我们让思科的每位领导者都根据研究中的 8 条陈述衡量团队员工，目的是了解成员工作进展状况，而不是对员工进行评估。虽然只有团队领导者能看到自己团队的具体数据，但匿名资料可以提供给我们作为研究材料。这项研究叫作“投入度脉冲”（Engagement Pulse）。

为了寻找定期沟通与员工工作投入度之间的关系，我们选取了在两个财务季度里至少参与过一次投入度脉冲项目的团队成员作为样本，第一季度有 16 485 人，第二季度有 18 816 人。随后我们按照与团队领导者频繁沟通（80% 以上的时间）和不频繁沟通（不到 80% 的时间）将两个季度的团队成员分组。

我们分别考查了两个季度员工在 8 条陈述上的平均分数，寻找频繁沟通组和不频繁沟通组之间的不同。我们发现，两个季度的频繁沟通组员工都在 8 条中的 3 条上分数明显高于不频繁沟通组。

◎频繁沟通组与不频繁沟通组得分差异最大的是“工作中的每一天，我都有机会发挥自己的强项”，其次是“我在工作中经常碰到有利于自身成长的难题”，再次是“我知道自己的杰出工作会得到认可”。

这说明频繁与自己所在团队的领导者沟通的员工对“能够每天发挥强项”“自己的杰出工作能获得认可”“有机会成长”的感受更强烈。本研究并未重点探讨其间的因果关系（我们无法确定是频繁沟通促使投入度提升，还是投入度提升促进了频繁沟通），但后续研究表明，是频繁沟通带来的关注促使员工投入度提升。附录最后一部分会介绍后续研究的部分结论。

3. 参与度有三个不同的来源。

下一项研究致力于寻找对团队成员工作投入度影响最大的因

素。为此，我们首先要进一步了解构成工作投入度的因素，然后探讨一位团队成员在不同团队中的投入度差异。

本书第1章讲过，能够有效描述团队表现的8条陈述（与“投入度脉冲”的8条陈述相同）可以分为两类：描述公司和团队环境带来的体验（关于“我们”）的4项，和描述个人体验（关于“我”）的4项。为了进一步了解工作投入度的组成部分，我们收集了在6个月内至少参与过一次投入度脉冲调查的33 018名员工给出的回答，开展了两项研究。

首先进行样品等分探索性及验证性因素分析，我们发现投入度有两大因素，至少在思科是这样的。第一个因素包括了全部4条关于“我”的陈述和两条关于团队环境的“我们”的陈述：

◎在工作中，我很清楚公司对我的期待是什么。（我）
◎工作中的每一天，我都有机会发挥自己的强项。（我）
◎我知道自己的杰出工作会得到认可。（我）
◎我在工作中经常碰到有利于自身成长的难题。（我）
◎在团队里，我身边的人都跟我有共同的价值观。（我们）
◎队友会为我提供支持。（我们）

我们将这个因素称为团队投入度。另一个因素包括剩下的两条关于“我们”的陈述：

◎我对自己所在公司的使命满怀热忱。（我们）
◎我对公司的未来发展充满信心。（我们）

这个因素我们称为公司投入度。[①]

第二项研究关注这两大因素同时属于多个团队的人身上是否会出现变化，以及当一个人从一个团队换到另一个团队时是否会发生变化。我们发现，让投入度不同部分发生变化的因素不同。明显的是，一个人从一个团队转到另一个团队时，公司投入度变化最小，而“在团队里，我身边的人都跟我有共同的价值观”和“队友会为我提供支持”这两条变化最大。

综合这项研究和前文的最佳团队研究，我们对投入度、团队和团队领导者之间的关系有了更深的认识：

1. 高绩效团队的所有 8 条得分都高于其他团队，而且我们的研究和其他研究都强有力地证明，团队成员投入度高可以提升团队绩效。
2. 员工属于哪个团队，对 8 条陈述中构成公司投入度因素的两条影响不大。
3. 员工属于哪个团队，对 8 条陈述中的“在团队里，我身边的人都跟我有共同的价值观”和“队友会为我提供支持”这两条影响很大。
4. 员工与所在团队领导者的关系，对 8 条中关于“我”（关于期望、发挥强项、认可和促进成长的难题）的 4 条影响很大。

理解以上结论的一种方式是，想象一位领导者有三项工作。

---

① 本书第 3 章介绍过这一研究发现。

第一项是：即使公司目标及前景并非由自己直接决定，也要确保团队成员感受到与其关联。第二项是确保团队成员能够团结一致，在团队内部相互理解、相互支持。第三项是确保每一位团队成员都明确公司的期望，知道现在和未来如何发挥才能，并且感到能获得认可。

4. 投入度下降，导致员工离职。

员工离职往往是组织领导者担心的一大问题，因此在这项研究里，我们尝试探讨团队成员的投入度与离职率之间的关系。具体来讲，我们希望确定 8 条中的哪几条会影响团队成员辞职的决定。

我们以一个财年的终期结果和投入度问卷结果为基础，统计出该财年内参与过投入度问卷调查的员工中继续留在思科和选择辞职的人数。我们用了多种方法（包括 Pearson 相关性分析）、多个回归模型及自主抽样法来确保分析结果稳定可靠。我们发现，8 条中有 4 条能够有效预测员工离职率，根据效力从强到弱依次是：

◎工作中的每一天，我都有机会发挥自己的强项。
◎我在工作中经常碰到有利于自身成长的难题。
◎我对自己所在公司的使命满怀热忱。
◎我对公司的未来发展充满信心。

这一结论证实了团队成员投入度和辞职决定之间的关系，表明了一个事实：员工目前和将来对自己的强项（以上列出的前两项）以及公司使命和前景（以上列出的后两项）越乐观，继续留在公司的可能性就越高。这里值得注意的一个细节是，不同团队对公司使命及其前景的热忱和信心存在差异。换言之，我们对公司的感受在很大程度上受到我们在团队中所获体验的影响。

这项研究带给我们的最重要的启示是，团队领导者对成员予以关注，帮助每位成员充分发挥才能，可以降低人员流失率。

5. 参与公司活动，可以提升员工的使命感和信心。

2015 年起，思科每月举行一次由高管团队主持的全体大会，叫作“思科节拍”（Cisco Beat），旨在让全体员工更好地理解公司使命，增强员工对思科未来的信心。

为验证该活动是否达到预期目的，我们考查了以下两组数据的相关性：

◎团队成员参加思科节拍活动的次数

◎团队成员在与公司投入度因素有关的两条陈述（公司使命和前景）上的得分

我们收集了过去 3 个季度内参与过一次投入度调查的 52 819 名团队成员的投入度相关数据，以及他们在此期间参加思科节拍活动的次数（3 个季度里一共举行了 8 次思科节拍活动）。“参加活动”的定义是亲自到活动现场，或观看由思科直播技术实现的现场直播，或在活动结束后两周内观看重播。随后，我们根据参加活动的情况为团队成员分组，未参加过活动的成员为一组，参加过 1~3 次的成员为一组，参加过 4~6 次的成员为一组，参加过 7~8 次的成员为一组，考查每组在“我对自己所在公司的使命满怀热忱”和“我对公司的未来发展充满信心”两条（前文所述构成公司投入度因素的两条）上的平均分数。

分析表明，团队成员参加思科节拍活动的次数越多，公司员工投入度的平均得分就越高。

◎“我对自己所在公司的使命满怀热忱”一条，未参加过活动的成员得分为 4.37，参加了全部活动或只有一场未参加的成员则提升到 4.48 分。这样的提升在统计学意义上十分显著。

◎“我对公司的未来发展充满信心”一条，未参加过活动的成员得分为 4.25，参加了全部活动或只有一场未参加的成员则为 4.35 分。这样的提升在统计学意义上十分显著。

定期参加活动的成员，对集体目标更有热情，对公司前景更有信心。我们尚未着手研究是参加活动使得投入度提升，还是投入度较高的人会参加更多的活动。

6. 工作投入度较高的人谈论工作的方式不同。

我们在研究过程中发现，将工作投入度非常高的团队成员与其他人区分开来是很有用的。我们将高投入度的成员称为“全力投入”组，其他人则是“未全力投入”组。此前的研究已经揭示了这两组的数量差异。我们还想了解全力投入组谈论工作的方式与非全力投入组是否有所不同。

我们用开放式问题开展问卷调查，分析两组成员给出的回答，重点关注以下几个问题：

◎两组各自表现的整体情绪如何？

◎两组各自讨论的是什么话题？

◎两组表现的情绪和讨论的话题是否有所不同？

我们采用的问卷是思科开发的“真实交易”（Real Deal）调查，内含开放式问题，每个季度发送给部分员工作答。我们剔除了对问卷中“你会如何向自己所在部门的领导者描述自己在该部门的工作生活”这一开放式问题作答的员工，以及在同一季度参与过投入度问卷调查的员工，最后得到1 275名员工的答案。

我们运用自然语言处理技术和我们自己的分析方法，考查全力投入组和非全力投入组表现的情绪差异，参考“情绪因子得分”（在–100~100的范围内给情绪打分，用第三方算法进行计算）及答案中的措辞，判断两组在讨论话题上的差异并自动分类。由此，我们就可以看到两组员工讨论特定的预定义话题的频率。

综合起来看，这些数据组显示了两组之间的鲜明差异：

◎全力投入组的情绪因子平均分为26分，倾向于讨论团队的杰出表现，表达意见时对未来充满希望。这组成员的典型言论是，“我们可以看到，管理者愿意接纳新观点、新成员进入团队，追求进步，达到销售目标。这种工作方式非常有创意，效果很好。团队的效率和满意度都很高，客户也能感受到”。

◎非全力投入组的情绪因子平均分为 –16 分，描述自己在团队中的体验时比较消极。这组成员的言辞反映了对未来的不确定，以及对内部官僚主义作风的厌倦。典型言论是，“我觉得我们需要团建，协助组织下一级建立信赖。依然有许多不利于协作的行为深入层级之间，如果能表现我们尝试促进协作的努力就好了”。

我们仍在继续用自然语言处理技术考查两组成员的开放式回答，下一个关注的重点是他们形容自己的事业和职业抱负时的措辞。

7. 不同的关注提升工作投入度的程度不同。

除了探讨工作中各个因素之间的相关性（比如参加活动有助于提升对未来的信心，高投入度会在问卷调查的措辞中体现出来），我们最感兴趣的自然还是具体的因果关系。最后这一部分就是针对因果关系进行研究的一个例子。

我们想知道，领导者以不同的方式关注员工，从长期来看，关注方式是否会影响员工的工作投入度。能否确定获得领导者频繁关注的团队成员的工作投入度的确比其他人更高，领导者与团队成员进行交谈的确是领导者对成员予以关注的最佳方式？

为此，我们考查了以下几点：

◎团队成员获得领导者关注（领导者回应成员发布在团队系统中的汇报）的频率。

◎予以关注的某些方式（浏览团队系统中的汇报、对汇报发表评论或实际交谈）是否比其他方式效果更好。

◎长期而言最常见的关注频率是怎样的（毫无关注、在一定程度上关注、持续密切关注）。

◎在特定类型、特定频率的关注下，团队成员的投入度会如何变化。

我们参考 2018 年年初的数据，找到了 6 726 位参与过两次或两次以上投入度问卷调查的团队成员，根据他们第一次和最后一次调查结果判断他们在这两个时段分别是全力投入还是未全力投入。如此一来，我们就可以看到哪些人的投入度全程有所上升（从未全力投入转为全力投入）、哪些人有所下降（从全力投入转为未全力投入）、哪些人保持不变（两个时段都是全力投入，或两个时段都是未全力投入）。

随后我们考查了定期汇报情况和关注方式上的差异：

◎对于团队成员，我们考查了他们是否要求领导者关注自己（在两个时段里至少发布过一次在线汇报）。

◎对于团队领导者，我们考查了 4 种回应成员要求的方式：浏览在线汇报、发表评论、与成员直接交谈（经过成员确认）、以上皆无（完全不回应）。对数据进行分析之后，我们将这些关注方式分为 3 类：毫无关注、某种形式的关注、包含对话的关注。

现在我们可以考查每位成员在两个时段里的投入度变化，推测该成员最常获得的关注类型产生的影响。多数团队成员每隔3个月做一次投入度问卷调查，因此这里看到的投入度变化反映的是不同类型、不同程度的关注在3个月里产生的影响。

◎未发布汇报寻求领导者关注的团队成员，全力投入的比例下降了13%，投入度水平最低。

◎一直发布汇报但未获得领导者任何关注的团队成员，全力投入的比例下降了2%。我们发现，团队领导者不予回应时，发布汇报的频率大大下降，因此我们推测这一组经过一段时间后会转为上面一组的行为模式，即完全不发布汇报，投入度随之出现更大幅度的降低。

◎一直获得领导者某种形式关注的团队成员，全力投入的比例提升了2%。

◎一直获得领导者关注、可与领导者对话的团队成员，全力投入的比例提升了3%。

我们得出结论：任何形式的关注都好过没有关注，频繁关注好过不频繁关注，领导者关注员工的方式非常重要。从研究结果中可以看到，领导者提供包含对话的关注，相应团队成员投入度最高，一段时间里投入度的变化也最积极，不受领导者沟通技巧和对话质量的影响。

研究贡献者

约翰·拉戈尼格罗（John Lagonigro）、麦迪逊·比尔德（Madison Beard）、玛丽·威廉斯（Mary Williams）、Hanqi Zhu（音译为朱瀚琦）、托马斯·佩恩（Tomas Payne）。

注　释

前言

1. "23 Economic Experts Weigh In: Why Is Productivity Growth So Low?", Focus Economics, accessed November 10, 2018, https://www.focus-economics.com/blog/why-is-productivity-growth-so-low-23-economic-experts-weigh-in.

1　员工在意自己在哪个团队

1. 举个例子，《哈佛商业评论》刊登的一篇文章提出，企业文化有 8 种风格（学习、愿景、关怀、秩序、安全、权威、结果和愉悦），对每一种风格都可以在公司整体层面加以衡量，公司可以综合其中的几种形成自己的文化，选拔高层领导者的一大重要因素就是评估候选人的性格与希望建立的企业文化之间的匹配程度。参见 Boris Groysberg et al., "The leader's Guide to Corporate Culture," *Harvard Business Review*, January–February 2018 等。
2. Edmund Burk, *Reflections on the Revolution in France* (London: James Dodsley, 1790).
3. Yuval Noah Harari, *Sapiens: A Brief History of Humankind* (London: Harvill Secker, 2014).
4. Yuval Noah Harari, *Homo Deus: A Brief History of Tomorrow* (London: Harvill Secker, 2016).

2　掌握情报才能成功

1. Stanley McChrystal et al., *Team of Teams: New Rules of Engagement for a Complex World* (New York: Penguin, 2015).
2. *The Battle of Britain, August–October 1940: An Air Ministry Record of the Great Days from 8th August–31st October, 1940* (London: H.M. Stationery Office, 1941).
3. McChrystal, *Team of Teams*, 216.
4. Ibid., 217.

5. 思科公司数据，引自行业与组织心理学协会（Society for Industrial and Organizational Psychology，缩写为 SIOP）2017 年年度会议。

3 好公司会灌输意义

1. Lisa D.Ordoñez et al., "Goals Gone Wild: The Systematic Side Effects of Overprescribing Goal Setting," *Academy of Management Perspectives* 23, no.1 (2009): 6.
2. Teresa Amabile and Steven Kramer, *The Progress Principle: Using Small Wins to Ignite Joy, Engagement, and Creativity at Work* (Boston: Harvard Business Review Press, 2011).
3. 引自马克·扎克伯格于2018 年1月11 日发在Facebook上的文章，https://www.facebook.com/zuck/posts/10104413015393571。
4. Cammie McGovern, "Looking into the Future for a Child with Autism," *New York Times*, August 31, 2017.

4 优秀人才都有专长

1. https://www.youtube.com/watch?v=ch-vWyK2yJs.
2. Stephen Pile, *The Ultimate Book of Heroic Failures* (London: Faber and Faber, 2011), 115.
3. 出自 2017 年戴维·奥斯汀（David Austin）导演拍摄的纪录片《乔治·迈克尔：自由》（*George Michael: Freedom*）。
4. "IBM Kenexa Core (Foundational) Skills and Competencies: A Framework with Core Skills Required for General Job Roles," IBM Corporation, 2015.
5. https://performancemanager4.successfactors.com/doc/roboHelp/12Getting_Familiar_With_PA_Forms/ph_wa_use.htm (retrieved 8/25/18).
6. 可以看看罗伯特·基根博士(Dr. Robert Kegan) 在 2016 年 NeuroLeadership 峰会上的演讲，见 https://neuroleadership.com/bob-kegan-feedback/。
7. Walter Issacson, *Steve Jobs* (New York: Simon & Schuster, 2011), 42.
8. 这件事在托德·罗斯（Todd Rose）的著作《平均的终结》[*The End of Average: How We Succeed in a World That Values Sameness* (New York: HarperCollins，2016)] 中有更加详尽的描述。感谢作者允许我们在本书中概述。

9. 准确地说，没有证据证明一个团队的平均特性与团队中的个人有关。

5 员工需要关注

1. https://www.youtube.com/watch? v=EqVyHMtSvFE.
2. Ray Dalio, *Principles* (New York: Simon & Schuster, 2017).
3. Adam Grant, "Billionaire Ray Dalio Had an Amazing Reaction to an Employee Calling Him Out on a Mistake," *Business Insider*, February 2, 2016.
4. Brian Brim and Jim Asplund, "Driving Engagement by Focusing on Strengths", *Gallup Business Journal*, November 12, 2009.
5. Joseph Le Doux, *Synaptic Self: How Our Brains Become Who We Are* (New York: Viking Adult 2002).
6. Richard Boyatzis, "Neuroscience and Leadership: The Promise of Insights," *Ivey Business Journal*, January/February 2011.
7. 同上。
8. Rick Hanson, "Take in the Good, " https://www.rickhanson.net/take-in-the-good/.
9. 根据近期一项研究，抗拒的表现包括寻找批评较少的社群，避免收到负面反馈。详见 Scott Berinato, "Negative Feedback Rarely Leads to Improvement," *Harvard Business Review*, January-February 2018。
10. "*What Is Appreciatine Inquing?*" http://www.david-cooperrider.com/ai-process/.
11. John M. Gottman ang Nan Silver, *The Seven Principles for Making Marriage Work: A Practical Guide from the Country's Foremost Relationship Expert* (New York: Crown Publishers, 1999); Barbara L. Fredrickson, "The Broaden-and-Build Theory of Positive Emotions," *Philosophical Transactions of the Royal Society B: Biological Sciences* 359, no.1449(2004): 1367.
12. https://www.chronicle.com/blogs/percolator/the-magic-ratio-that-wasnt/33279.
13. Barbara L. Fredrickson, "The Role of Positive Emotions in Positive Psychology: The Broaden-and-Build Theory of Positive Emotions," *The American Psychologist* 56, no.3 (2001): 218.

6 人可以真实地评价自己的感受

1. Robert J. Wherry Sr. and C. J. Bartlett, "The Control of Bias in Ratings: A Theory

of Rating," *Personnel Psychology* 35, no.3(1982): 521; Michael K. Mount et al., "Trait, Rater and Level Effects in 360-Degree Performance Ratings," *Personnel Psychool* 2006: 557; and Brian Hoffman et al. 2010: 119, "Rater Source Effects Are Alive and Well after All," *Personnel Psychology* 63, no.1 (2010): 119.

2. Steven E. Sullen, Michael K. Mount, and Magnard Goff, "Understanding the Latent Structure of Job Performance Ratings", *Journal of Applied Psychology* 85, no.6 (2000): 956.
3. 更准确地说，根据研究者对评分与评价对象表现之间相关性的测定，评价对象的表现占评分的 16%，另外 84% 与评价对象无关。
4. Hoffman et al., "Rater Source Effects Are Alive and Well after All."
5. 这个定义出自《金融时报》(*Financial Times*)，见 http:// lexicon.ft.com/Term?term=business-acumen(retrieved 2/17/18)。
6. James Surowiecki, *The Wisdom of Crowds* (New York: Anchor Books, 2005).
7. 关于高尔顿分享自己研究发现的信件，见 "Vox Populi—Sir Francis Galton," The Wisdom of Crowds blog, http://wisdomofcrowds.blogspot.com/2009/12/vox-populi-sir-francis-galton.html。
8. 对你来说可能有点儿难懂，不过请务必小心任何号称"驱动因素分析"的东西。这类方法是先提供一个围绕某个主题(如员工投入度)的调查问卷，其中有很多问题，最后给你几个总结性的问题，比如"为这家公司工作，我感到非常自豪"或者"我打算再在这家公司干一年"。随后问卷作者进行驱动因素分析，寻找问卷主体中哪些问题"驱动"了最后的总结问题，最后宣称某几条就是员工投入度的驱动因素，因为在这几条上获得高分的员工在最后几个总结问题上也得了高分。乍一看，这的确是根据有效数据得出的结论，但这种东西没什么用处。一次性的驱动因素分析不可能揭示现实中驱动行为的因素，只能揭示在问卷前面某几个问题上得高分的员工在后面的某几个问题上也会得到高分，在前半部分挺满意的员工到后半部分也挺满意。这个结论在理论上没错，只是没用而已。
9. 确定了绝对零度的英国科学家开尔文勋爵[威廉·汤姆逊(William Thomson)]对测量(以及温度计)比较熟。他曾说："在自然科学领域，学习任何科目不可或缺的第一步都是寻找计算法则和测量相关属性的实用方法。我常常说，如果你能测量自己谈论的属性，并且用数字表达出来，你就算是学懂一些了。但如果无法测量，无法用数字表达，那就说明你具备的知识还不够：计算是学习知识的起点，不管你学习的是什么，你在科学方面都才刚刚入门。”参见威廉·汤姆逊爵士于 1883 年 5 月 3 日在英国土木工程师学会的演讲《电学测量单位》(Electrical Units of Measurement)，收录于《受欢迎的演讲》(*Popular Lectures and Addresses*) 第一卷《问题的构成》(London: Macmillan and Co., 1889) 第 73 页。

10. 我们也可以用这类方法设计更好的 360 度反馈工具，用于了解某位员工的同事对该员工表现的看法。为此，我们必须保证让每一位同事都回答这些问题。除此之外，还要解决其他两个关于数据充分性的问题：其一，能够评价你的合适人选是哪些人，要找多少人回答调查问卷？其二，如何确保这些人对你的工作足够了解，能够提供有效数据？这两个问题很难解决。

7 员工有动量

1. Douglas A.Ready, Jay A.Conger, and Linda A.Hill, “Are You a High Potential?” *Harvard Business Review*, June 2010.
2. 关于这个话题，可以看看 Ken Richardson and Sarah H. Norgate, “Does IQ Really Predict Job Performance?” *Applied Developmental Science* 19, no. 3 (2015): 153.
3. https://www.britannica.com/biography/Elon-Musk.
4. John Paul MacDuffie, “The Future of Electric Cars Is Brighter with Elon Musk in It”, *New York Times*, October 1, 2018.

8 最重要的是对工作的热爱

1. Kristine D. Olson, “Physician Burnout—A Leading Indicator of Health System Performance?” *Mayo Clinic Proceedings* 92, no.11 (2017): 1608.

9 我们追随的是专才

1. 在我们之前，这个观点就有人提过，但以前谈到这里的人尝试寻找让领导者吸引追随者的特质——又回到了重视领导力的老路。我们的探究则是另一个方向。
2. Donald E. Brown, *Human Universals* (New York: McGraw Hill, 1991).

3. Pierre Gurdjian, Thomas Halbeisen, and Kevin Lane, "Why Leadership-Development Programs Fail," *McKinsey Quarterly*, January 2014.

4. 列表摘自 Claudio Fernández-Aráoz, Andrew Roscoe, and Kentaro Aramarki, "Turning Potential into Success: The Missing Link in Leadership Development," *Harvard Business Review*, November–December 2017, 88。

5. Joseph Rosenbloom, "Martin Luther King's Last 31 Hours: The Story of His Final Prophetic Speech," *The Guardian*, April 4, 2018.